Jedes Kind
kann Regeln lernen

Dipl.-Psych. Annette Kast-Zahn

Jedes Kind kann Regeln lernen

Vom Baby bis zum Schulkind:
Wie Eltern Grenzen setzen
und Verhaltensregeln vermitteln können

Die Oberstebrink Eltern-Bibliothek

Die Oberstebrink Eltern-Bibliothek bietet Lösungen für die wichtigsten Eltern-Probleme und gibt Antworten auf die häufigsten Eltern-Fragen. Von Experten, die in ihrem Fachgebiet auf dem neuesten Wissensstand sind und in ihrer Praxis täglich Eltern beraten und Kinder behandeln.
Die Bücher der Oberstebrink Eltern-Bibliothek werden von Kinderärzten, Hebammen, ErzieherInnen, LehrerInnen und Familien-TherapeutInnen laufend eingesetzt und empfohlen. Eltern schätzen diese Ratgeber besonders, weil sie leicht verständlich sind und sich alle Ratschläge einfach und erfolgreich in die Tat umsetzen lassen.
Eine Übersicht über alle Bücher finden Sie auf den letzten Seiten dieses Buches.

18. Auflage 2005
© by Oberstebrink Verlag GmbH
Alle Rechte vorbehalten

Fotos:	IFA, Privat
Illustrationen:	Gina Oberstebrink
Satz und Herstellung:	Klare Medien GmbH
	Printed in Slovenia 2005
Verlag:	Oberstebrink Verlag GmbH
	Bahnstr. 44 · 40878 Ratingen
	Tel. 02102 / 771 770 - 0 · Fax 02102 / 771 770 - 21
ISBN:	3-934333-15-X

Danke

Ich bedanke mich herzlich bei Dr. Hartmut Morgenroth, der mit seiner fachlichen und wissenschaftlichen Kompetenz die Entstehung dieses Buches begleitet und unterstützt hat. Die im 2. Kapitel erwähnte Untersuchung haben wir zusammen vorbereitet und in seiner Kinderarztpraxis durchgeführt. Als Kinderarzt sieht und berät er täglich viele Eltern und Kinder mit ihren ganz alltäglichen Problemen. Nur durch die Zusammenarbeit mit ihm war es möglich zu erfahren, welche Probleme die meisten Eltern wirklich interessieren. Es war möglich zu erproben, welche Tipps und Techniken den Eltern und Kindern wirklich weiterhelfen.

Annette Kast-Zahn

Guter Rat

Das Wartezimmer meiner Kinderarztpraxis ist wegen der Grippe-Epidemie brechend voll. Ich bin erleichtert, dass die Vorsorge-Untersuchung für die vierjährige Nina nicht zu lange gedauert hat. Gerade will ich mich verabschieden, da kommt von der Mutter der Nachsatz: *„Ach Herr Doktor, da ist noch etwas. Nina ist unheimlich anstrengend. Sie benimmt sich oft unmöglich. Was soll ich nur machen?"*

Früher hätte ich mit einem inneren Seufzer gedacht: *„Ausgerechnet jetzt! Sie muss doch gesehen haben, wie die Patienten an der Anmeldung Schlange stehen. Soll ich mir nun noch die Zeit nehmen und ihr etwas von ‚Auszeiten' erzählen? Alle anderen wartenden Eltern und Kinder müssen sich dann noch zehn Minuten länger gedulden. Oder schicke ich sie zur Erziehungsberatungsstelle? Dabei weiß ich doch, dass die Eltern dort ein halbes Jahr auf einen Termin warten müssen."*

Wie erleichtert war ich, als mir dieses Buch vorgelegt wurde. Jetzt kann ich guten Gewissens sagen: *„Lesen Sie zu Ihrem Problem dieses oder jenes Kapitel nach. Das wird Ihnen bestimmt weiterhelfen."*

Die praktischen Ratschläge aus diesem Buch habe ich schon oft mit Erfolg weitergegeben.

Dr. med. Hartmut Morgenroth, Kinderarzt

Inhalt

1 „ERZIEHUNG IST BEISPIEL UND LIEBE" – UND SONST NICHTS …?   11

Beispiel und Liebe: Notwendig, aber nicht ausreichend   12
„Kinder werden immer schwieriger" …?   14
„Schwierige Kinder": Fallbeispiele von Kindern
zwischen acht Monaten und acht Jahren   17

Kapitel 1: Das Wichtigste in Kürze   **19**

2 WELCHE REGELN SOLL MEIN KIND LERNEN?   21

Welche Regeln in welchem Alter?   **22**
- Babyalter: Das erste Lebensjahr   22
- Kleinkindalter: Das zweite und dritte Lebensjahr   26
- Kindergartenalter: Das vierte bis sechste Lebensjahr   28
- Grundschulalter: Vom siebten Lebensjahr an   31

Welche Regeln wählen wir?   **34**
- Wovon lassen wir uns leiten?   34
- Welche Probleme wollen wir vermeiden?   37

Kapitel 2: Das Wichtigste in Kürze   **42**

3 UND JEDEN TAG THEATER ...
DER KAMPF UM AUFMERKSAMKEIT — 43

Warum Erziehung ohne Auseinandersetzungen nicht möglich ist — 44
Gute Gründe für auffälliges Verhalten – ein Kreislauf — 47
Fallbeispiele — 51
Wirksame Gegenmittel — 54
- Unangemessenes Verhalten nicht belohnen — 54
- Dem Kind zuhören — 54
- Ich-Botschaften senden — 56
- Dem Kind mehr Verantwortung geben — 58
- Feste Rituale einführen — 62
- Zeit für Zuwendung geben — 64

Kapitel 3: Das Wichtigste in Kürze — 67

4 „WAS MACHEN WIR BLOSS FALSCH?"
DIE BELIEBTESTEN ELTERN-FEHLER — 69

Unwirksam: Wenn Eltern unklar und unsicher reagieren — 70
- Vorhaltungen machen — 71
- Warum-Fragen — 71
- Bitten und Betteln — 72
- Forderungen ohne Folgen — 74
- „Wenn – dann": Ankündigungen ohne Folgen — 75
- Ignorieren — 77

Verhängnisvoll: Wenn Eltern feindselig reagieren — 81
- Vorwürfe und Beschimpfungen — 81
- Drohungen und Strafen — 82
- Körperliche Gewalt — 83

Kapitel 4: Das Wichtigste in Kürze — 86

Inhalt

5 WIE KINDER REGELN LERNEN KÖNNEN: EIN PLAN ZUM GRENZEN-SETZEN FÜR ELTERN — 87

Voraussetzung 1: Auf das Gute achten — 89
- Annehmen — 90
- Mut machen — 92
- Das Gute beim Namen nennen — 95

Voraussetzung 2: Familien-Regeln festlegen — 99

Erster Schritt: Klartext reden — 101
- Klare Anweisungen geben — 102
- Stimme und Körpersprache kontrollieren — 105
- Technik der „kaputten Schallplatte" anwenden — 109

Zweiter Schritt: Auf Worte Taten folgen lassen — 115
- Lernen aus den logischen Folgen — 116
- Die Auszeit — 125
- Anreize setzen — 138
- Alles auf einen Streich: Regeln – Fragen – Handeln — 141

Dritter Schritt: Einen Vertrag schließen — 146
- Ein Plan zur Selbstkontrolle — 146
- Ein Vertrag zwischen Eltern und Kind — 148
- Einfache Belohnungspläne — 153

Kapitel 5: Das Wichtigste in Kürze — 162

6 WAS WIR NOCH TUN KÖNNEN: KREATIVE PROBLEMLÖSUNGEN — 163

Kindliche Lösungen annehmen — 164
Den Spieß umdrehen — 166
Einen neuen Schauplatz eröffnen — 168
Geschichten erzählen — 169

Kapitel 6: Das Wichtigste in Kürze — 171

Literatur-Hinweise — 173

1

„Erziehung ist Beispiel und Liebe" – und sonst nichts …?

In diesem Kapitel erfahren Sie, …

- warum Beispiel und Liebe notwendig, aber nicht ausreichend sind
- warum auch engagierte Eltern ihre Kinder oft als „schwierig" empfinden

Beispiel und Liebe:
Notwendig, aber nicht ausreichend

- **Patrick** ist zweieinhalb Jahre alt. Er ist ein aufgeweckter Junge und hat ein Gesicht wie ein pausbäckiger kleiner Engel. Trotzdem ist er der „Schrecken" jeder Spielgruppe. Die anwesenden Mütter werden nervös und werfen ein besonders wachsames Auge auf ihren Sprössling, wenn Patrick näher kommt. Und schon ist es wieder passiert: Der Kleine hat blitzschnell zugeschlagen, und sein ebenso kleines „Opfer" weint herzzerreißend. Manchmal beißt er auch, mitunter so heftig, dass die Spuren noch zwei Wochen später zu sehen sind. Besonders oft reißt Patrick anderen Kindern Spielzeug aus der Hand, wirft damit oder zerstört es. Es kommt natürlich auch vor, dass Patrick ganz friedlich für sich oder mit den anderen Kindern spielt. Er ist dann nicht wiederzuerkennen.
Und seine Mutter? Patrick ist ein Wunschkind. Sie vergöttert ihn geradezu. Nach zwei schon wesentlich älteren Töchtern hat sie noch ihren ersehnten Sohn bekommen. Sie schenkt ihm Zeit, Zuwendung und Liebe. Kein einziges Mal hat sie andere Kinder in seiner Gegenwart geschlagen oder gebissen. Noch nie hat sie ihm Spielzeug aus der Hand gerissen und es zerstört. Trotzdem tut Patrick all das immer wieder. Warum nur?

„Erziehung ist Beispiel und Liebe – und sonst nichts" – dieses Zitat stammt von Fröbel, dem Begründer der deutschen Kindergartenbewegung vom Anfang des 19. Jahrhunderts. Bei Patrick und seiner Mutter scheint es nicht zuzutreffen.
Trotzdem ist es ein sehr nachdenkenswerter Satz. Nach meiner Überzeugung ist Liebe das Allerwichtigste, was wir unseren Kindern geben können. Das Zweitwichtigste ist, ihnen so oft wie möglich mit gutem Beispiel voranzugehen. Auf diesen beiden Säulen können wir unsere Erziehungsarbeit aufbauen.
„Ohne Liebe und Beispiel ist Erziehung nichts" – so würde ich den Satz formulieren. Ohne diese Grundlage kann kein Elternratgeber helfen – auch dieser nicht.

Kapitel 1: *„Erziehung ist Beispiel und Liebe"* – und sonst nichts ...?

Es gibt tatsächlich Kinder, die anscheinend ausschließlich die Liebe und das gute Beispiel ihrer Eltern brauchen, um sich zu vernünftigen, verantwortungsbewussten, liebenswerten und glücklichen Persönlichkeiten zu entwickeln. Solche Kinder lernen schon recht früh durch Einsicht, akzeptieren Grenzen, ohne sich jemals aufzulehnen, übernehmen bereitwillig Pflichten – kurz gesagt: Sie machen ihren Eltern wenig Kummer. Ich selbst kenne ganz wenige solcher Kinder, die auf diese Art und Weise erwachsen geworden sind. Für die allermeisten Kinder – meine drei eigenen eingeschlossen – trifft das nicht zu. Liebe und Beispiel sind unbedingt notwendig. Sie reichen aber nicht aus! Zusätzlich brauchen wir Eltern eine Art Handwerkszeug, auf das wir bei Bedarf zurückgreifen können.

Wie können wir unsere Kinder daran hindern, Dinge zu tun, die sie nicht tun sollten? Wie können wir sie andererseits dazu bringen, Dinge zu tun, die sie *nicht* tun wollen – gemeint sind „lästige" Aufgaben und Pflichten, die wir als Eltern für wichtig und notwendig halten? Was können wir tun, wenn alle guten Worte bisher ohne Wirkung geblieben sind?

„Kinder werden immer schwieriger"...?

Immer häufiger ist zu hören und zu lesen: *„Die Kinder werden immer schwieriger"* oder: *„Die Kinder von heute kann man kaum noch erziehen"* – frei nach dem Motto: *„Früher war alles besser".*
Es stimmt: Wir Eltern von heute waren als Kinder anders als unsere Kinder. Aber waren wir bessere Kinder? Unsere Eltern haben vieles anders gemacht als wir heute – aber waren sie bessere Eltern? Wir versuchen doch gerade, deren Fehler nicht zu wiederholen. Wir wollen unsere Kinder ohne Schläge, ohne strenge Bestrafung, ohne Angst und Einschüchterung und ohne verklemmte Sexualität erziehen. Und die meisten von uns schaffen das auch. Gehorsam aus Angst vor Strafe – das war vor 30 Jahren noch allgemein akzeptiert. Und heute? Wir gewähren unseren Kindern heute mehr Recht auf Entfaltung der eigenen kleinen Persönlichkeit, mehr Förderung ihrer Fähigkeiten, mehr Anregungen, als wir selbst als Kinder erfahren haben.
Wer von uns hatte als Kind ein eigenes Zimmer? Wer durfte zwischen mehreren Sportarten oder Musikinstrumenten auswählen? Wer konnte eine freie, unverkrampfte Sexualerziehung genießen? Wer von uns hat gelernt, Erwachsenen unbefangen gegenüberzutreten und ihnen unbequeme Fragen zu stellen? Meiner Überzeugung nach können wir Eltern heute auf viele Fortschritte stolz sein. Und wir können auf unsere Kinder stolz sein. Sie haben es gut – und sie sind bestimmt nicht schlechter als die Kinder irgendeiner früheren Generation.
Zu allen Zeiten haben Eltern mit ihren Kindern Probleme gehabt. Viele Erwachsene, die heute ärztliche oder psychotherapeutische Hilfe brauchen, leiden jetzt noch unter den Folgen einer Erziehung, die sich damals weitgehend hinter verschlossenen Türen und unter Ausschluss der Öffentlichkeit abgespielt hat.
Erziehung ist öffentlicher geworden. Viele Eltern sind selbstkritischer geworden. Sie haben keine Scheu mehr, dem Kinderarzt oder Psychologen ihre Probleme zu schildern. Sie wollen gut informiert und ihren Aufgaben gut gewachsen sein. Deshalb besuchen sie Vorträge und lesen Bücher über

Kapitel 1: *„Erziehung ist Beispiel und Liebe"* – und sonst nichts …?

Kindererziehung. Sie treffen sich mit anderen Eltern in Spielgruppen und tauschen Erfahrungen aus.

Viele gut ausgebildete Mütter unterbrechen ihre berufliche Laufbahn, um sich jahrelang ganz der Kindererziehung zu widmen. Sie nehmen in Kauf, dass der Wiedereinstieg später sehr schwierig oder unmöglich sein kann. Berufstätige Mütter müssen Haushalt, Kinderbetreuung und Job unter einen Hut bringen und stellen mit der Bewältigung dieser Aufgaben manchen Top-Manager in den Schatten. Noch nie hat es so viele alleinerziehende Mütter gegeben, die – oft unter schwierigen finanziellen Bedingungen – Erstaunliches leisten.

Soviel Engagement – und trotzdem so viele Probleme? Wahrgenommen wird oft nur, was **nicht** klappt. Hier haben dann angeblich die Eltern versagt. Besonders groß ist die Enttäuschung bei jungen Müttern, die ihren Beruf aufgegeben haben und sich ganz dem Haushalt und den Kindern widmen. *„Du hast doch den ganzen Tag nichts anderes zu tun – und dann kriegst du noch nicht einmal die Kinder in den Griff!"* Mit Vorwürfen dieser Art müssen sich viele Frauen auseinandersetzen. Nicht selten kommen sie – ausgesprochen oder unausgesprochen – vom eigenen Ehemann. Viele Mütter stellen sich aber auch selbst unter Erfolgsdruck: *„Ich muss unbedingt alles richtig machen!"*

Sie geraten dann leicht in eine schwierige Lage: Bei sich selbst und ihrem Kind oder ihren Kindern ärgern sie sich über viele Fehler und Probleme. Sie achten aber nicht auf Dinge, die gut klappen oder einfach normal ablaufen. Die eigene Unsicherheit wirkt sich auf den Umgang mit den Kindern aus. Die Angst, etwas falsch machen zu können, zeigt Wirkung: Wenn Eltern nicht recht wissen, was sie wollen, und vor entschiedenem, konsequentem Handeln zurückschrecken, haben plötzlich die Kinder „das Heft in der Hand". Egal, ob sie sechs Monate, drei oder zehn Jahre alt sind: Kinder spüren die Unsicherheit ihrer Eltern. Sie spüren, wie gut es funktionieren kann, nach Belieben den eigenen Willen durchzusetzen.

Wenn Eltern nicht mehr bewusst und zielgerichtet handeln, sondern nur noch auf ihr Kind reagieren mit dem einzigen Gedanken im Hinterkopf: *„Hoffentlich hört es gleich auf zu schreien"* oder *„Hauptsache, es gibt nicht wieder Theater"*, kann ein verhängnisvoller Kreislauf in Gang kommen. Das Kind wird immer fordernder, die Eltern immer nachgiebiger. Nicht Mutter oder Vater,

sondern das Kind bestimmt den Tagesablauf. Die Bedürfnisse der Eltern bleiben auf der Strecke. Das führt aber keineswegs zu mehr Ruhe und Harmonie, sondern verursacht auf Dauer immer neue Konflikte.
Manchmal haben die Eltern ihrem Kind nur auf einem Gebiet das Feld überlassen. Machtkämpfe beim Zubettgehen sind ein klassisches Beispiel dafür. In vielen Fällen gibt es jedoch Stress und „Theater" um jede Kleinigkeit – sei es beim Anziehen, beim Essen, beim Aufräumen, beim Umgang mit den Geschwistern. *„Mein Kind macht, was es will"* oder *„Ich kann tun, was ich will, er hört einfach nicht"* – das sind sehr häufige Klagen, die wir in der Praxis von gestressten Eltern hören. Manchmal entwickeln sich aus diesen Alltagsproblemen Verhaltensauffälligkeiten, die auch im Kindergarten und in der Schule zu Schwierigkeiten führen.
Den betroffenen Eltern ist es nicht gleichgültig, wie ihre Kinder sich entwickeln. Sie wissen, dass ihre Kinder Grenzen brauchen und nicht „von selbst" groß werden. Sie sind engagiert und liebevoll – aber manchmal einfach mit ihrem Latein am Ende: *„Ich versuche doch wirklich mein Bestes – was kann ich denn noch tun?"*
Haben Sie sich wiedererkannt? Genau an Sie wende ich mich mit diesem Buch.

Kapitel 1: *„Erziehung ist Beispiel und Liebe"* – und sonst nichts …?

„Schwierige Kinder": Fallbeispiele von Kindern zwischen acht Monaten und acht Jahren

- **Paul** war acht Monate alt, als seine Eltern zur Beratung kamen. *„Er ist ein schreckliches Kind,"* seufzte die Mutter. *„Er macht uns einfach fertig. Dabei hatten wir uns so auf ihn gefreut! Vom ersten Tag an hat er stundenlang gebrüllt. Wir haben ihn nur herumgetragen. Nachts hat er zum Glück einigermaßen geschlafen. Wir dachten an Drei-Monats-Koliken. Aber nach drei Monaten wurde es nicht besser. Im Gegenteil: Paul schrie und weinte eher noch mehr. Er wurde sogar eine Woche lang im Krankenhaus durchgecheckt, aber man hat nichts gefunden. Paul will immer mehr. Er weint jetzt auch auf dem Arm. Alle paar Minuten will er eine ganz neue Beschäftigung. Wenn ich spülen will, räume ich für ihn nach und nach die halbe Küche aus, und selbst kriege ich in einer Viertelstunde kaum mehr als eine Tasse sauber. Sogar zur Toilette muss ich ihn mitnehmen. Er beschäftigt sich nicht eine Minute allein. Was soll ich nur tun?"*

Woran kann es liegen, dass sich alles so entwickelt hat? Was würden Sie der Mutter raten? Auch bei den folgenden Beispielen können Sie diese beiden Fragen für sich selbst beantworten.

- **Olivers** Mutter weinte am Telefon, als sie um einen Termin bat. Sie war mit ihrem Zweijährigen gerade aus der Spielgruppe „geflogen". Die Leiterin war der Meinung gewesen, Oliver sei zu aggressiv und für die Gruppe nicht tragbar. *„Ich habe manchmal Angst vor ihm"*, sagte sie. *„Er ist richtig böse. Er beißt und tritt mich. Einmal hat er mit dem Kassettenrecorder nach mir geworfen. Sobald ihm was nicht passt, brüllt er wie am Spieß. Ich halte es nicht mehr aus."*

- **Carola** ist dreieinhalb. Sie weigert sich zu essen und wird deshalb grundsätzlich gefüttert. Sie kann sich nach Belieben übergeben und macht recht häufig davon Gebrauch. Oft kaut sie eine halbe Stunde an ihrem Frühstück herum, ohne etwas herunterzuschlucken. Ein großer Teil des Tages ist bestimmt von Auseinandersetzungen und Diskussionen um das Thema „Essen".

- **Miriam**, gerade sechs Jahre alt, hat vor kurzem ein Brüderchen bekommen. Anstrengend war sie schon immer, aber jetzt findet ihre Mutter sie „einfach unerträglich". *„Jeden Morgen trödelt sie. Sie zieht sich nicht an und lässt sich ewig Zeit beim Frühstücken. Zwei- bis dreimal pro Woche geht sie nicht in den Kindergarten, weil wir einfach nicht rechtzeitig fertig werden. Sie weigert sich grundsätzlich, etwas aufzuräumen. Es endet nach langen Auseinandersetzungen meist damit, dass ich es tun muss. Sie lässt ihr Brüderchen einfach nicht in Ruhe. Sogar wenn er bei mir auf dem Arm ist, zerrt sie an ihm, bis ich ihr den Kleinen gebe. Außerdem gibt es jeden Abend zwei Stunden Kampf, bis sie endlich im Bett ist."*

- **Vicky** ist acht Jahre alt, ein eher schüchternes, zurückhaltendes Mädchen. Seit zwei Wochen will sie nicht mehr zur Schule gehen. Jeden Morgen läuft sie bis zu zehnmal zur Toilette, bevor sie das Haus verlässt. Jeden Morgen klagt sie über Bauchschmerzen und versucht ihre Mutter dazu zu bringen, dass sie zu Hause bleiben darf. Dreimal ist es ihr schon gelungen.

Noch einmal: Wie könnten diese Probleme entstanden sein? Was würden Sie den Eltern raten? Meine Antworten auf diese Fragen finden Sie im weiteren Verlauf des Buches.

Kapitel 1: Das Wichtigste in Kürze

- **Ohne Beispiel und Liebe ist Erziehung nicht möglich.**
  Aber wenn Beispiel, Liebe und gute Worte nicht ausreichen, brauchen Eltern Handwerkszeug, auf das sie zurückgreifen können.
- **Unsere Kinder sind nicht „schwieriger".**
  Aber viele Eltern sind selbstkritischer und unsicherer als früher. Sie wissen, dass ihre Kinder Grenzen brauchen. Sie wüssten gern genauer, wie sie wirksam sinnvolle Grenzen setzen können.
- **Unsere Kinder fordern uns heraus**
  Fallbeispiele von „schwierigen" Kindern zwischen acht Monaten und acht Jahren zeigen, mit welchen Herausforderungen Eltern zurechtkommen müssen.

2
Welche Regeln soll mein Kind lernen?

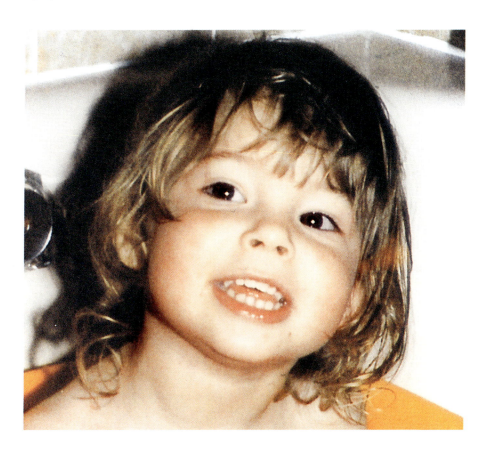

In diesem Kapitel erfahren Sie, …

- welche Regeln Kinder in welchem Alter lernen können
- wie Eltern Regeln für ihre Kinder auswählen
- welche Probleme zwischen Eltern und Kind besonders oft vorkommen

Welche Regeln in welchem Alter?

Für die betroffenen Eltern sind es „Problemkinder": das Baby, das stundenlang brüllt, das Kleinkind, das beißt und haut, die „schlechte Esserin", das „unerträgliche" Kindergartenkind, das Schulkind mit den Bauchschmerzen. Alle Eltern sind sich in einem Punkt einig: *„So hatten wir uns das nicht vorgestellt!"* Haben Sie sich schon mal Gedanken darüber gemacht, wie Sie sich die Entwicklung Ihres Kindes eigentlich vorstellen? Die Wunschvorstellungen der Eltern und die Regeln, die ihr Kind tatsächlich lernt, klaffen manchmal weit auseinander. Das gilt für jedes Alter – vom Baby bis zum Schulkind.

Babyalter: Das erste Lebensjahr

- *„Mein Baby ist bildhübsch und immer gut gelaunt. Wenn es nicht gerade schläft – und das tun Babys ja fast den ganzen Tag und nachts sowieso – kann es sich allein beschäftigen. Es lacht viel, isst und trinkt gut und ist immer gesund. Laufen, Sprechen und alles andere lernt es ein bisschen schneller als die anderen in seinem Alter. Da es sich überall schnell anpasst, kann ich es auch überallhin mitnehmen. Es bleibt ohne Probleme auch mal bei der Oma oder beim Babysitter. Mein Baby ist sehr verschmust. Es kuschelt sehr gern mit mir und genießt die körperliche Nähe."*

Wer von uns hat nicht insgeheim von so einem Bilderbuchbaby geträumt? Die Werbeindustrie setzt unsere Träume in Hochglanzzeitschriften und in der Fernsehwerbung geschickt in Bilder um. Wir sehen, was wir uns wünschen, und denken: *„Ja, genau so sollte es doch sein!"*
In Wahrheit können sich die Eltern, bei denen alles so verläuft wie erträumt, wirklich glücklich schätzen. Die problemlosen Bilderbuchbabys mit den glücklichen Eltern sind zwar „normal", und wir lernen bei den Vorsorgeuntersuchungen eine ganze Reihe davon kennen. Aber „normal" ist auch das Baby, das wenig schläft, sich nicht allein beschäftigen kann, wenig lacht und viel weint, schlecht trinkt und häufig krank ist, vielleicht unter Allergien oder einer chro-

Kapitel 2: Welche Regeln soll mein Kind lernen?

nischen Krankheit leidet, später laufen und sprechen lernt als die anderen, nicht gerne kuschelt und äußerst ungehalten auf Ortswechsel reagiert. Auch diese Kinder lernen wir bei den Vorsorgeuntersuchungen kennen, und zwar keineswegs selten. Am häufigsten lernen wir Kinder kennen, die sich irgendwo zwischen beiden Extremen bewegen.
Es ist Ihr gutes Recht, während der Schwangerschaft und in den ersten Wochen nach der Geburt von einem perfekten Baby zu träumen. Klüger ist es, sich einfach überraschen zu lassen. Eine junge Mutter erzählte mir:

- *„Ich war während der Schwangerschaft voller Vorfreude auf mein Baby. Ich rechnete fest mit einem Jungen. Ich malte mir alles wunderbar aus. Aber es kam alles anders. Ich bekam ein Mädchen. Die Kleine war äußerst anstrengend. Sie weinte viel und war meistens unzufrieden. Den ganzen Tag beanspruchte sie meine Aufmerksamkeit. Schon nach wenigen Wochen lagen meine Nerven blank. Damit hatte ich überhaupt nicht gerechnet. Die Enttäuschung war grenzenlos."*

Schon im Augenblick der Befruchtung stehen viele Dinge fest, die Sie nicht beeinflussen können: Geschlecht, Körpergröße, Körperbau und Aussehen – aber auch die Veranlagung zu bestimmten Erkrankungen, zum Schlafbedürfnis, zum Appetit, zum Temperament, zur Lernfähigkeit. Natürlich treffen die vererbten Anlagen immer auf mehr oder weniger günstige Umweltbedingungen, die die Entwicklung des Kindes stark mitbeeinflussen. Aber ob Ihr Baby anfangs viel oder wenig weint, gut oder schlecht trinkt, viel oder wenig schläft, meistens krank oder meistens gesund ist, das entzieht sich weitgehend Ihrem Einfluss.
Deshalb darf die Frage auch nicht lauten: *„Welche Regeln soll und kann* **ein** *Kind im ersten Lebensjahr lernen?"* – sondern: *„Welche Regeln soll und kann* **mein** *Kind lernen?"* Am wichtigsten ist es, dass Sie Ihr Kind so, wie es nun einmal auf die Welt gekommen ist, annehmen – auch wenn es „schwierig" oder chronisch krank oder behindert ist. Erziehungsziele für jedes Entwicklungsalter zu überlegen, die genau für **Ihr** Kind erreichbar und sinnvoll sind – diese sehr schwierige und wichtige Aufgabe kann Ihnen niemand abnehmen.

Jedes Kind kann Regeln lernen

Vielleicht erstaunt es Sie, dass Kinder schon im Babyalter Regeln lernen. Statt von Regeln könnte man zutreffender von Zusammenhängen reden. Bedenken Sie: Ein neugeborenes Baby hat keine Ahnung, was richtig oder falsch, erwünscht oder unerwünscht ist. Aber ein Baby ist bereits in der Lage, sich die Reaktionen der Eltern auf sein Handeln zu merken. Es kann daraus Schlussfolgerungen ziehen und sein eigenes Verhalten darauf abstimmen. Seine Mittel sind noch begrenzt, aber trotzdem äußerst wirksam: Ein strahlendes Lächeln lässt bei uns Eltern jeden Ärger dahinschmelzen. Lautes, heftiges Weinen löst bei uns ebenfalls heftige Gefühle aus: Sie können schwanken zwischen Sorgen, Mitleid, Wut und Hilflosigkeit. Fast immer entsteht das dringende Bedürfnis, das Weinen so schnell wie möglich zu beenden.
Wir haben – aus der Sicht des Kindes – eine Reihe von „Regeln" zusammengestellt, die sein Weltbild im ersten Lebensjahr, besonders vom 6. Lebensmonat an, bestimmen können. Es ist eine willkürliche Auswahl, ohne Anspruch auf Vollständigkeit. Urteilen Sie selbst.

- *„Wenn ich schreie, beschäftigt sich jemand mit mir."*
- *„Ich schlafe immer nur ein, während ich herumgetragen werde."*
- *„Wenn ich will, bekomme ich zu jeder Tages- und Nachtzeit etwas zu essen."*
- *„Wenn ich den Löffel verweigere, bekomme ich jedesmal die Brust."*
- *„Wenn ich im Kinderwagen schreie, komme ich nach spätestens fünf Minuten auf den Arm."*

Lernt Ihr Kind solche und ähnliche Zusammenhänge? Dann lernt es gleichzeitig die Regel: *„Es passiert immer das, was ich will. Meine Eltern haben anscheinend keine eigenen Bedürfnisse"*.

Im Gegensatz dazu stehen die folgenden Regeln:

- *„Ich muss immer das ganze Fläschchen austrinken – egal ob ich Hunger habe oder nicht."*
- *„Ich muss jede Nacht zwölf Stunden in meinem Bett liegen, obwohl ich immer nur zehn Stunden lang schlafen kann."*

Kapitel 2: Welche Regeln soll mein Kind lernen?

- *„Nach jeder Mahlzeit werde ich sofort wieder weggelegt. Niemand beschäftigt sich mit mir."*

Durch diese Art von Regeln würde Ihr Kind lernen: *„Es passiert immer das, was meine Eltern wollen. Meine eigenen Bedürfnisse werden nicht beachtet."*

**Beide Arten von Regeln haben erhebliche Nachteile.
Aber es gibt noch eine dritte Art:**

- *„Meine Mami entscheidet, wann sie mir etwas zu essen anbietet und was sie mir anbietet. Ich darf entscheiden, ob und wie viel ich davon essen will."*
- *„Wenn ich friedlich bin und gute Laune habe, spielt meine Mama besonders gern und ausgiebig mit mir."*
- *„Wenn ich schreie, bekomme ich alles was ich brauche. Schreie ich dann noch weiter, bekomme ich weniger Aufmerksamkeit von meinen Eltern."*
- *„Meine Eltern beschäftigen sich mehrmals am Tag sehr ausgiebig mit mir. Wenn sie aber selbst etwas Wichtiges zu tun haben, muss ich mich allein beschäftigen, auch wenn es mir nicht gefällt."*
- *„In unserer Wohnung darf ich fast alles erforschen. Aber einige Dinge darf ich auf keinen Fall anfassen."*

Lernt Ihr Kind diese Art von Zusammenhängen? Dann lernt es gleichzeitig: *„Ich bekomme von meinen Eltern alles, was ich brauche. Aber nicht unbedingt alles, was ich will. Meine Eltern achten meine Bedürfnisse. Aber sie haben selbst auch Bedürfnisse. Und manchmal wissen sie einfach besser, was für mich gut ist."*
Es wird Sie nicht überraschen, dass ich Ihnen diese dritte Art von Regeln besonders ans Herz lege.

Kleinkindalter:
Das zweite und dritte Lebensjahr

Der erste Geburtstag Ihres Kindes liegt hinter Ihnen. Was erhoffen Sie sich von den kommenden beiden Jahren?

- *„Mit einem Jahr kann es laufen, es fängt an zu sprechen. Mit drei Jahren spricht es perfekt. Natürlich schläft es durch. Die Umstellung vom Stillen auf feste Nahrung hat schon vorher problemlos geklappt. Es spielt gern mit anderen Kindern, gibt gern seine Spielsachen ab, kann sich bei Bedarf aber auch durchsetzen. In der Spielgruppe macht es immer begeistert mit. Zu seinem kleinen Geschwisterchen ist es besonders lieb. Es hört immer, läuft nie weg, kann sich leicht von mir trennen, geht nur an erlaubte Dinge heran, hat immer gute Laune und ist immer gesund. Mit zwei Jahren ist es trocken. Natürlich kann es alleine essen. Am liebsten isst es gesunde Sachen wie Gemüse und Obst. Sehr gern spielt es in seinem Zimmer. Mit seinen Spielsachen kann es sich stundenlang allein beschäftigen. Auch auf dem Spielplatz tollt es mit Begeisterung herum. Es ist mutig, aber tut nie etwas Gefährliches. Dabei sieht es immer sauber und adrett aus."*

Kennen Sie solche Kinder? Ich kenne jedenfalls Mütter, die sich sagen: *„So muss es sein. Wenn das alles nicht so klappt, habe ich versagt."* Die Realität sieht meist anders aus: Auch das Kind, das später laufen und sprechen lernt, mit drei Jahren noch nicht trocken ist, die gesunden Dinge gerade nicht mag, in der Spielgruppe hartnäckig nicht mitmacht und das neugeborene Geschwisterkind am liebsten wieder ins Krankenhaus zurückbringen möchte, ist völlig normal.

In dieser spannenden Entwicklungsphase erweitert jedes Kind in seinem eigenen Tempo seinen Horizont. Es lernt laufen – und gleichzeitig auch weglaufen. Es lernt sprechen – dazu gehört auch das Wort *„Nein"*. Es kann Türme bauen und umwerfen. Es lernt, mit anderen Kindern Kontakt aufzunehmen – wenn nicht mit Worten, dann vielleicht mit Streicheln, oder aber mit Hauen und Beißen. Es kann allein essen – und es kann gezielt mit dem Essen werfen.

Kapitel 2: Welche Regeln soll mein Kind lernen?

Es kann seine Mami liebevoll umarmen – es kann sie auch treten. Kein Kind kann in diesem Alter begreifen, was gut und was böse ist. Aber es kann sich die immer wiederkehrenden Reaktionen seiner Eltern merken und daraus Schlüsse ziehen. Mögliche Regeln für ein Kind im zweiten und dritten Lebensjahr:

- *„Wenn ich einem anderen Kind etwas aus der Hand reiße, darf ich es behalten."*
- *„Wenn ich das Mittagessen nicht anrühre, kocht mir meine Mama etwas anderes."*
- *„Wenn ich mich auf den Boden werfe und schreie, bekomme ich sofort meinen Willen."*
- *„Ich merke genau, wenn ich auf die Toilette muss. Aber wenn ich mich weigere zu gehen, macht meine Mama mich sauber und zieht mir eine neue Windel an."*

Haben Sie es erkannt? All diese Regeln gehen von derselben Voraussetzung aus: *„Es passiert immer das, was ich will. Wie es den anderen dabei geht, spielt keine Rolle"*. Bei diesen Regeln ist nur der Wille des Kindes ausschlaggebend.

Auch für diese Altersgruppe sind gegenteilige Regeln denkbar:

- *„Wenn ich einem anderen Kind etwas wegreiße, bekomme ich einen Klaps auf den Po."*
- *„Ich muss so lange auf der Toilette sitzen bleiben, bis ich etwas gemacht habe."*
- *„Wenn ich mein Mittagessen nicht anrühre, werde ich zwangsgefüttert."*
- *„Wenn ich mich vor Wut auf den Boden werfe, werde ich angeschrieen und geschlagen."*

Hier ist wieder nur der Wille der Eltern ausschlaggebend. Sie nehmen keine Rücksicht darauf, wie es ihrem Kind dabei geht.

Sehr verwirrend wird es für die Kinder, die sich abwechselnd mit beiden Arten dieser Regeln auseinandersetzen müssen.

Die Eltern können sich aber auch für den dritten Weg entscheiden:

- *„Wenn ich einem anderen Kind etwas aus der Hand reiße, nimmt Mama es mir weg und gibt es ihm zurück."*
- *„Wenn ich mein Mittagessen nicht anrühre, muss ich bis zur nächsten Mahlzeit warten."*
- *„Wenn ich mich auf den Boden werfe und schreie, geht Mami sofort aus dem Zimmer."*
- *„Ich bekomme jetzt keine Windel mehr, auch wenn ‚das Geschäft' noch oft in die Hose geht."*

Wenn Sie mit Ihrem Kind eine Krabbelgruppe besuchen, gibt es dort vielleicht auch diese Art von Regeln:

- *„Bei Spielangeboten müssen nur die Mütter mitmachen. Ich darf es mir aussuchen, ob ich mitmachen will."*
- *„Beim gemeinsamen Frühstück setzen sich alle an den Tisch. Ich brauche nur sitzen zu bleiben, solange ich esse. Ich darf aber nicht mit Essen in der Hand herumlaufen."*

Kindergartenalter:
Das vierte bis sechste Lebensjahr

Ihr Kind hat nun einen Anspruch auf einen Kindergartenplatz. Es beginnt ein neuer Lebensabschnitt. Mit welchen Phantasien und Wünschen begleiten Sie Ihr Kind?

Kapitel 2: Welche Regeln soll mein Kind lernen?

- *„Mein Kind spricht jetzt perfekt. Essen und Anziehen bewältigt es selbständig. Vom ersten Tag an geht es mit Begeisterung in den Kindergarten, freut sich aber auch, wenn es wieder abgeholt wird. Mit Freude nimmt es alle Förderangebote des Kindergartens an: malen, basteln, musizieren, kochen – alles macht ihm großen Spaß. Schnell findet es Freunde, mit denen es sich oft und völlig selbständig verabredet. Fürs Fernsehen interessiert es sich nicht besonders, dafür schaut es gerne Bilderbücher, baut kreativ in seinem Zimmer oder puzzelt. Anschließend räumt es freiwillig sein Zimmer auf. Mit 4 Jahren kann es schwimmen und allein radfahren. Es kann seinen Namen lesen und schreiben. Spätestens mit 5 Jahren zeigt es mindestens ein besonderes Talent (zum Beispiel Ballett oder Tennis oder Klavierspielen), das von nun an gezielt gefördert werden kann. Weinen und Quengeln kommen fast nicht mehr vor. Aufforderungen der Eltern und der Erzieher befolgt es ohne Widerrede. Dabei ist es immer fröhlich und ausgeglichen."*

Haben Sie Ihr Kind wiedererkannt? Herzlichen Glückwunsch! Oder trifft für Ihr Kind bei jedem Satz genau das Gegenteil zu? Spricht Ihr Kind mit drei Jahren noch undeutlich, müssen Sie ihm beim Essen und Anziehen noch helfen? Mag es nicht in den Kindergarten gehen? Hat es überhaupt Angst, sich von Ihnen zu trennen? Meidet es alle noch so attraktiven Angebote, weil es viel lieber einfach draußen herumtobt? Ist es nur mit Mühe vom Fernseher wegzubewegen? Kommt es Ihnen motorisch irgendwie ungeschickt vor, weigert es sich, ins Wasser zu gehen oder sich auf ein Fahrrad zu setzen? Findet es „gutes" Spielzeug stinklangweilig, bevorzugt dafür aber gewisse bunte Plastikfiguren, die Ihnen überhaupt nicht gefallen? Weint es in jeder Turn- oder sonstigen Gruppe? Weint es überhaupt oft, und antwortet es gleichzeitig regelmäßig mit „Nein" auf Ihre Aufforderungen?

Wenn all dies für Ihr Kind eher zutrifft: Vielleicht hatten Sie sich alles etwas anders vorgestellt. Aber auch Ihr Kind ist völlig normal. Erst einmal müssen Sie es so annehmen, wie es ist. Trotzdem sind Sie nicht ohne Einfluss. Denn die Regeln, die Ihr Kind lernt, lernt es immer noch weitgehend von Ihnen. Welche Regeln erkennen Sie wieder?

- „Wenn ich mich morgens nicht anziehe, zieht Mama mich an."
- „Wenn ich morgens extrem lange trödele oder ,Theater' mache, brauche ich nicht in den Kindergarten zu gehen."
- „Wenn ich mich weigere aufzuräumen, macht es Mama."

Oder, manchmal abwechselnd mit den bisher genannten Regeln:

- „Wenn ich mich nicht anziehe oder trödele oder nicht aufräume, werde ich angeschrieen oder bekomme einen Klaps auf den Po."

Wieder gibt es einen dritten Weg:

- „Auch wenn ich mich nicht fertig angezogen habe: Mami bringt mich trotzdem pünktlich in den Kindergarten."
- „Wenn ich meiner Mama sehr auf die Nerven falle, geht sie raus."
- „Meine Spielsachen muss ich selbst aufräumen."

Im Kindergarten lernt Ihr Kind nun zusätzlich noch weitere ähnliche Regeln. Die könnten zum Beispiel so lauten:

- „Im Stuhlkreis bleiben alle Kinder sitzen."
- „Nach dem Frühstück räume ich meinen Teller selbst ab und spüle ihn."
- „Nach dem Freispiel ertönt die ,Aufräumglocke'. Alle Kinder räumen auf. Erst danach gehen wir nach draußen."

Diese Regeln lernt ein Kind natürlich nur, wenn ihre Einhaltung im Kindergarten auch tatsächlich durchgesetzt wird. Andernfalls lernt es: „Die Kindergarten-Regeln gelten nur für die anderen Dummköpfe – aber nicht für mich."

Kapitel 2: Welche Regeln soll mein Kind lernen?

Grundschulalter: Vom siebten Lebensjahr an

Wie stellen Sie sich Ihr „perfektes" Schulkind vor?

- *„Natürlich kann es den ersten Schultag kaum erwarten. Es ist lernbegierig, hochmotiviert, keineswegs überfordert. Das Lernen fällt ihm leicht, die Hausaufgaben macht es völlig selbständig in kürzester Zeit, um sich dann in seiner Freizeit ausschließlich kreativ oder sportlich zu betätigen"...* und so weiter.

Noch einmal: Von so einem Kind können Sie träumen. Sie können es aber nicht nach Bedarf so formen oder „erziehen". Nicht jedes Kind lernt mühelos lesen. Für manches bedeutet das eine enorme Anstrengung – und wenn es schließlich klappt, ist es eine enorme Leistung. Ähnlich ist es zum Beispiel mit dem Schwimmen lernen oder dem Stillsitzen. Wenn Ihre Ansprüche von den Fähigkeiten Ihres Kindes zu stark abweichen, ist der Stress für Eltern und Kind schon vorprogrammiert.

Vielleicht denken Sie aber auch über ganz andere Dinge nach: Moralische Werte wie Ehrlichkeit, Mut, Treue, Bescheidenheit, Freundlichkeit, Gerechtigkeit, Höflichkeit – um nur einige zu nennen – sind Ihnen wichtig. Sie möchten sie Ihrem Kind nun, im Schulalter, gern näher bringen. Fällt Ihnen auf, wie sehr es aus der Mode gekommen ist, in der Kindererziehung über solche Ziele auch nur zu reden? Erfolg haben, weiterkommen, sich durchsetzen, jedes Schlupfloch im Gesetzestext zum eigenen Vorteil ausnutzen – solche „Werte" sind im Moment eher gefragt.

In englischer Sprache ist ein Buch von dem amerikanischen Ehepaar *Linda* und *Richard Eyre* erschienen mit dem Titel (übersetzt): *„Wie Sie Ihren Kindern Werte vermitteln können"*[1]. Die beiden können wirklich aus reicher Erfahrung schöpfen, denn sie haben zusammen neun Kinder – vom Kleinkind bis zum Erwachsenen. Sie nennen insgesamt zwölf Werte. Neben den bereits genannten gehören unter anderem noch Friedfertigkeit, Sensibilität, Respekt und Liebe dazu. Die beiden empfehlen Eltern, sich jeden Monat ganz gezielt einen Wert „vorzuknöpfen" und mit ihren Kindern einzuüben. Dazu geben sie kon-

krete Tipps, welche Rollenspiele oder auch Gesellschaftsspiele dabei hilfreich sein können. Es spricht viel Liebe zu Kindern und natürlich viel Erfahrung aus ihren Empfehlungen. Ich würde mir wünschen, dass sich viele Eltern über solche Werte Gedanken machen und sie ihren Kindern vorleben. Ihr Beispiel ist hier ganz besonders gefragt. Aber dass man solche moralischen Werte durch eine Art Lernprogramm einüben kann – das halte ich für zweifelhaft.
Wieder folgt eine Auswahl mit der Frage an Sie: Welche Regeln finden Sie sinnvoll?

- *„Wenn ich morgens lange genug trödele, bringt mich Papa mit dem Auto zur Schule."*
- *„Wenn ich mich bei den Hausaufgaben dumm genug anstelle, bleibt Mami jeden Tag bis zu zwei Stunden neben mir sitzen und beschäftigt sich mit mir."*
- *„Wenn ich zu Hause nicht fernsehen darf, quengele ich so lange, bis Mama es mir dann doch erlaubt."*

Bei diesen Regeln bekommt das Kind seinen Willen, auch wenn es sich unangemessen verhält. Die Bedürfnisse der Eltern werden nicht respektiert.

Andere Kinder lernen:

- *„Wenn ich morgens trödele, bekomme ich abends Fernsehverbot."*
- *„Wenn in meinen Hausaufgaben ein Fehler ist, muss ich alles neu schreiben."*
- *„Wenn meine Mutter mich beim Fernsehen erwischt, werde ich angeschrien und bekomme Hausarrest."*

Bei diesen Regeln entscheiden die Eltern willkürlich. Es besteht kein Zusammenhang zum Verhalten des Kindes. Das Kind fühlt sich nicht respektiert.

Kapitel 2: Welche Regeln soll mein Kind lernen?

Alternativen zu diesen Regeln:

- *„Wenn ich morgens trödele, komme ich zu spät zur Schule."*
- *„Meine Mama bietet mir bei den Hausaufgaben Hilfe an. Wenn ich anfange, Theater zu machen, geht sie raus."*
- *„Wenn eine bestimmte Fernsehsendung für mich nicht geeignet ist, bleibt der Fernseher ausgeschaltet."*

Das Umfeld eines Kindes im Grundschulalter ist mittlerweile von sehr vielen ausgesprochenen oder unausgesprochenen Regeln geprägt. Einige Beispiele:

- *„In der Schule erscheine ich pünktlich."*
- *„Ich mache regelmäßig meine Hausaufgaben."*
- *„In der Klasse bleibe ich auf meinem Platz sitzen."*
- *„Ich melde mich, wenn ich etwas sagen möchte."*

Manche Kinder haben zu Hause nicht gelernt, sich an solche Regeln zu halten. Sie bekommen zunehmend Schwierigkeiten und geraten in eine Außenseiterposition, wenn sie keine Grenzen akzeptieren, keine Rücksicht auf andere nehmen und immer nur machen, wozu sie Lust haben.

Aber auch im Kindergarten, in der Schule und in Kinder- und Jugendgruppen müssen Regeln nicht nur klar ausgesprochen, sondern auch durchgesetzt werden. Je älter unsere Kinder werden, desto stärker sind wir Eltern auf die Zusammenarbeit mit anderen Gruppen angewiesen.

Welche Regeln wählen wir?

Haben Sie die Art von Regeln wieder erkannt, die Sie Ihrem Kind vermitteln? Haben Sie sich entschieden, welche der drei Arten von Regeln Ihnen am besten gefällt? Meine Meinung dazu: Wenn immer genau das passiert, was das Kind will, lernt es keine Grenzen kennen. Die Gefahr ist groß, dass es egoistisch und rücksichtslos wird und weder seine Eltern noch seine Mitmenschen und deren Bedürfnisse respektiert.

Das andere Extrem ist nicht besser: Wenn Eltern grundsätzlich ihren Willen durchdrücken und dabei keine Rücksicht auf die Bedürfnisse ihres Kindes nehmen, kann das Kind kaum Selbstvertrauen und Selbständigkeit entwickeln.

Als sinnvolle Alternative bleibt die dritte Art von Regeln. Das sind faire Regeln, die die Bedürfnisse des Kindes mit einbeziehen, aber durchaus gegen den Willen des Kindes gerichtet sein können. Regeln, die vom Kind Respekt vor den Eltern und vor allen anderen Mitmenschen einfordern. Regeln, die ein positives Miteinander möglich machen. Regeln, die nicht nach Lust und Gefühlslage der Eltern schwanken, sondern fest und zuverlässig und vorhersehbar sind: Das Kind weiß vorher, was passiert, wenn es sich nicht an die Regel hält. Regeln, die das Alter und den besonderen Entwicklungsstand des Kindes berücksichtigen. Regeln, die seine Fähigkeiten fördern, es aber nicht überfordern. Regeln, die dem Kind sinnvolle Grenzen setzen, ohne es in seiner Persönlichkeit einzuengen.

Solche Regeln wollen gut überlegt sein.

Wovon lassen wir uns leiten?

Manche Eltern machen sich nicht viele Gedanken über ihre Familienregeln. Sie übernehmen einfach aus der Erinnerung heraus von den eigenen Eltern Regeln, mit denen sie selbst gute Erfahrungen gemacht haben. Andere sagen sich: *„Bloß nicht so streng sein wie mein Vater"* oder *„Bloß nicht so pingelig sein wie meine Mutter"* – und probieren das Gegenteil. Wieder andere wiederholen genau die Verhaltensweisen ihrer Eltern, die ihnen selbst das Leben schwer ge-

Kapitel 2: Welche Regeln soll mein Kind lernen?

macht haben. So werden geprügelte Söhne nicht selten zu prügelnden Vätern. Es kann nur von Vorteil sein, sich über die eigene Kindheit Gedanken zu machen und gleichzeitig zu überlegen: *„Welche Folgen haben meine früheren Erfahrungen für den Umgang mit meinem Kind?"* · *„Handele ich bewusst und zielgerichtet, oder bin ich eher Opfer meiner eigenen Vergangenheit?"* Manchmal ist es schwer, aus dem Schatten der eigenen Vergangenheit herauszutreten. Gespräche mit dem Partner oder mit guten Freunden können dabei helfen. In extremen Fällen ist es ratsam, professionelle Hilfe in Anspruch zu nehmen. Wer versucht, aus Fachbüchern und Eltern-Ratgebern den „richtigen Weg" zu erfahren, stellt fest: Es gibt viele Experten und viele Meinungen. Aber nur weniges hat Bestand. Dazu gehört ohne Zweifel der „Klassiker" unter den Erziehungsbüchern: *„Kinder fordern uns heraus"*[2] von *Rudolf Dreikurs* und *Vicky Soltz*, der vor etwa 40 Jahren zum ersten Mal erschienen ist und seitdem nichts an Aktualität verloren hat.

Sicher ist: Sie kommen nicht darum herum, bestimmte Regeln und Grenzen festzulegen. Je kleiner Ihr Kind ist, desto weniger kann es wissen, was auf Dauer gut für es ist. Das müssen Sie entscheiden und verantworten. Wie wichtig die Sicherheit der Eltern ist, zeigt die folgende Geschichte:

- **Thomas** und **Kerstin** sind mittlerweile zwölf und zehn Jahre alt. Sie verstehen sich gut. Konkurrenzkämpfe und Streitigkeiten – sonst unter Geschwistern sehr weit verbreitet – kommen bei den beiden selten vor. Auch in ihrem sonstigen Verhalten fallen sie angenehm auf: Aufgaben übernehmen sie freiwillig und gern, sie sind freundlich und kooperativ. Beide sind trotzdem nicht ängstlich und angepasst, sondern fröhlich und voller Ideen. *„Es läuft wie von selbst"*, erzählte mir die beneidenswerte Mutter. Daraufhin stellte ich ihr die Frage: *„Wie hast du das bloß gemacht?"*

Es stellte sich heraus, dass Thomas und Kerstin als Kleinkinder einiges durchmachen mussten. Besonders Thomas litt während seiner ersten sechs Lebensjahre unter extrem schlimmer Neurodermitis. Nacht für Nacht kratzte er sich so sehr, dass die Bettwäsche morgens voller Blut war. Bei Kerstin zeigten sich sehr bald dieselben Symptome. Die Mutter war verzweifelt. Sie versuchte alles, ging zu verschiedenen Ärzten, redete mit Betroffenen, be-

sorgte sich Literatur. Es dauerte lange, bis sie durch geduldiges Ausprobieren gefunden hatte, was ihren Kindern wirklich half: Eine sehr ausgeklügelte strenge Diät, die konsequent immer, auch im Kindergarten und beim Kindergeburtstag, durchgehalten werden musste. Endlich trat eine Besserung ein. Thomas und Kerstin waren äußerst diszipliniert, trotz ihrer dadurch bedingten Außenseiterrolle.
Die Mutter zog den Schluss: *„Die beiden haben gemerkt: Meine Eltern tun alles, um uns zu helfen. Sie wissen am besten, was für uns gut ist. Darauf können wir uns verlassen. Wahrscheinlich hat ihnen diese Erfahrung geholfen, auch später Regeln und Grenzen von uns anzunehmen. Ich selber habe auch etwas daraus gelernt: Sobald ich ganz sicher bin, was für meine Kinder gut ist, klappt das Grenzen-Setzen wie von selbst."*

Auf einem Gebiet fühlen sich die meisten Eltern sicher: Alle Eltern sind sich einig, dass sie ihr Kind vor Gefahren schützen müssen. Keinem Zweijährigen wird erlaubt, auf die Straße zu rennen oder mit Steckdosen zu spielen oder kleine Gegenstände in den Mund zu nehmen. Die Eltern wissen, dass sie dieses Verhalten verhindern müssen – wie heftig und ausdauernd ihr Kind auch dagegen protestieren mag. Ebenso haben fast alle Eltern, die ich kenne, durchgesetzt: Beim Autofahren ist und bleibt mein Kind angeschnallt.
Auch sind die meisten Eltern sich darüber einig, dass ihr Kind niemanden verletzen oder wüst beschimpfen darf. Stehlen, Lügen und Beschädigen von fremdem Eigentum wollen sie ebenfalls nicht durchgehen lassen. Auch hier herrscht weitgehend Übereinstimmung, wenn es auch oft an der Durchsetzung hapert. Viel schwieriger ist die bewusste Entscheidung für Regeln und Grenzen, wenn es um Schlafzeiten, Süßigkeiten, Fernsehen, Aufräumen, pünktliches nach-Hause-Kommen, Hausaufgaben, Eingehen auf kindliche Forderungen und vieles andere mehr geht. Was braucht das Kind wirklich? Wie sieht es mit den Bedürfnissen der Eltern aus?
Mein Eindruck ist: Viele Eltern nehmen ihre eigenen Bedürfnisse nicht ernst genug. Zumindest gilt das für sehr viele Mütter. Haben Sie bei der Aufstellung Ihrer Regeln bedacht, dass Sie selbst genug Schlaf bekommen? Dass Ihnen selbst die gemeinsamen Mahlzeiten Spaß machen? Dass jeder seinem Alter

Kapitel 2: Welche Regeln soll mein Kind lernen?

entsprechend am Haushalt mitwirkt und nicht alles an Ihnen hängen bleibt? Dass Sie auch ein Recht auf Ruhepausen haben? *„Ich funktioniere nur noch!"* Diesen Stoßseufzer habe ich schon von so vielen Müttern gehört. Es ist nicht egoistisch, wenn Ihre Regeln auch Ihre eigenen Interessen schützen. Im Gegenteil. Nur so kann Ihr Kind Rücksichtnahme und Respekt lernen.

Andererseits bürden viele Eltern ihren Kindern zu viel Verantwortung auf. Den Kindern werden Entscheidungen überlassen, die sie noch gar nicht treffen können. Ein Beispiel:

- Eine Erzieherin berichtete mir vor kurzem, dass in ihrer Gruppe an einem Tag drei Kinder mit schwerer Erkältung und Fieber in den Kindergarten gekommen waren. Die Mütter wurden angerufen und mussten ihre kranken Kinder abholen. Alle drei Mütter hatten die gleiche Erklärung: *„Ich weiß, dass mein Kind krank ist. Ich wollte es ja auch zu Hause lassen. Aber es wollte doch so gern in den Kindergarten gehen. Was sollte ich da machen?"*

Wenn Sie solche Entscheidungen Ihrem Kind überlassen, ist es überfordert. Ihr Kind will sich sicher und beschützt fühlen. Dafür braucht es jemanden, der ihm Sicherheit gibt. Es braucht das Gefühl: *„Mami und Papi wissen, was gut für mich ist"*. Wenn Sie Ihrem Kind zu viele Regeln selbst überlassen, fühlt es sich zwar überlegen – aber Sie werden dafür nicht Liebe ernten, sondern Mangel an Respekt. *„Was mein Kind sich ohne allzu großes Theater gerade noch gefallen lässt – das ist bei uns zu Hause Gesetz!"* – wenn das bisher für Ihre Familie zutrifft, wird es Zeit, dass Sie sich zu Ihrer Verantwortung bekennen und das Heft selbst in die Hand nehmen.

Welche Probleme wollen wir vermeiden?

Wie sollen wir Eltern das Kunststück fertigbringen, dass sich unsere Kinder sicher und geborgen, aber nicht zu sehr eingeengt fühlen? Wir Eltern wollen von unseren Kindern schließlich keinen sinnlosen, bedingungslosen Gehorsam. Wir wollen ihnen sinnvolle Regeln beibringen, die uns ständig wiederkehrende Probleme ersparen und das Miteinander erleichtern. Wir wollen positiv lenken. Einen wichtigen Ansatzpunkt haben wir, wenn wir wissen: Welche Probleme belasten den Alltag zwischen Eltern und Kindern eigentlich besonders häufig?

Um eine Antwort auf diese wichtige Frage zu finden, habe ich zusammen mit dem Kinderarzt Dr. Morgenroth einen Fragebogen entworfen und den Eltern bei den Vorsorge-Untersuchungen U4 bis U9 (sechs Altersgruppen: vier Monate bis sechs Jahre) in seiner Praxis zum Ausfüllen vorgelegt. 16 verschiedene Arten von Problemverhalten, nach Alter gestaffelt, standen zur Auswahl. Die Eltern sollten entscheiden, ob etwas davon auf ihr Kind zutraf. Um genauere Aussagen machen zu können, brauchen wir noch weit mehr Daten. Nach Auswertung von 320 Fragebögen gibt es aber schon eine deutliche Tendenz. In allen Altersgruppen von vier Monaten bis vier Jahren hatte dasselbe Problem einen absoluten Spitzenplatz:

- *„Mein Kind will pausenlos beschäftigt werden"*

Zwischen 20% und 25% der Eltern in diesen Altersgruppen empfanden das als Problem. Erst wenn die Kinder sechs Jahre alt sind (und in die Schule kommen), spielt es keine Rolle mehr.

Die folgenden Probleme wurden ebenfalls besonders oft genannt:

- *„Mein Kind ‚hört' nicht. Es macht, was es will."* (Altersgruppen zwischen einem Jahr und sechs Jahren)
- *„Mein Kind hat mehrmals pro Woche ausgeprägte Trotzanfälle."* (Spielt im Alter von einem Jahr noch keine Rolle, dafür Spitzenreiter bei den Zwei- bis Vierjährigen)
- *„Mein Kind hat Probleme mit dem Schlafen."* (Besonders oft zwischen sieben Monaten und zwei Jahren)

Kapitel 2: Welche Regeln soll mein Kind lernen?

Wenn Sie sich und Ihrem Kind diese besonders häufigen Probleme ersparen wollen, sollte Ihr Kind frühzeitig folgende Regeln lernen:

- *„Ich muss mich manchmal selbst beschäftigen."*
- *„Ein Trotzanfall bringt mir keinerlei Vorteile."*
- *„Ich kann allein ohne Hilfe meiner Eltern einschlafen und durchschlafen."*
- *„Wenn es wichtig ist, muss ich tun, was meine Eltern sagen."*

Zum Thema **„Schlafen"** gibt unser Ein- und Durchschlaf-Buch *„Jedes Kind kann schlafen lernen"*[3] ausführlich Auskunft. Einige Anregungen und Lösungsvorschläge finden Sie auch hier in diesem Buch.

Unsere Untersuchung brachte noch einige weitere interessante Ergebnisse zutage:

Thema **„Bettnässen"**: Etwa 20% der Vierjährigen und über 10% der Sechsjährigen nässten nachts noch ein. Allerdings empfanden das nur wenige der betroffenen Eltern als Problem. Hier spielt sicherlich die Aufklärungsarbeit der Kinderarztpraxis eine Rolle: Die Eltern wissen, dass es sich in der Regel um ein anlagebedingtes Problem handelt, das sich mit der Zeit von selbst „auswächst".

Thema **„Trennungsangst"**: *„Mein Kind weint, wenn es von mir getrennt ist"*. Diese Feststellung traf für jedes vierte einjährige und für jedes sechste zweijährige Kind zu. Bei älteren Kindern wurde das Problem nur sehr selten angegeben. Bei diesem Thema ist anscheinend Gelassenheit und Geduld angesagt: Trennungsangst gehört bei vielen Kindern zur normalen Entwicklung und verschwindet meist von selbst.

Thema **„Panische Angst vor bestimmten Tieren oder Situationen"**: Jedes sechste Kind im Alter von zwei bis vier Jahren war davon betroffen. Mit sechs Jahren wird es zum weit verbreiteten Problem: In diesem Alter war jedes dritte Kind betroffen. Es liegt nahe, dass Ängste vor bestimmten Situationen in dieser Altersgruppe zur normalen Entwicklung gehören.

Thema **„Essen"**: Nur 4% aller Eltern waren der Meinung, dass ihr Kind zuviel isst. Bei den Kindern zwischen zwei und sechs Jahren gaben allerdings 20% der Eltern an, ihr Kind ernähre sich zu einseitig. Außerdem waren erstaunlich viele Eltern der Überzeugung, ihr Kind esse zu wenig. Zwar wurde dieses Problem im Babyalter kaum gewählt, aber auf jedes fünfte Kind zwischen vier und sechs Jahren traf es zu. Im Gegensatz dazu stand der Eindruck des Kinderarztes: Während des Untersuchungszeitraums war ihm zwar ein voll gestillter Säugling mit Symptomen von Unterernährung aufgefallen, aber kein einziges Kind ab einem Jahr, das aus ärztlicher Sicht Probleme wegen unzureichender Ernährung bzw. gesundheitsgefährdendem Untergewicht hatte.
Jedes Kind weiß selbst am besten, wie viel es essen oder trinken muss. Wenn es sehr wenig isst, gibt es zwei mögliche Ursachen: Entweder ist das Kind dabei gesund und munter – dann braucht es nicht mehr. Oder es ist krank – dann kann es nicht mehr essen. In diesem Fall muss die Krankheit gesucht und behandelt werden. Das Problem *„Mein Kind isst zu wenig"* steckt anscheinend in erster Linie in den Köpfen der Eltern. Hier gibt es Aufklärungsbedarf. Sie finden zu diesem Thema eine Fallgeschichte (Carola, S. 117). Genaueres können Sie aus unserem Ratgeber *„Jedes Kind kann richtig essen"*[4] erfahren.

Aus meiner Praxis kenne ich noch weitere Probleme, die bei unserer Befragung nicht so oft genannt wurden, aber trotzdem eine wichtige Rolle spielen: Streit und Eifersucht unter Geschwistern, aggressives Verhalten, motorische Unruhe und zu wenig Ausdauer und Konzentration beim Spielen.
Wenn die Kinder in die Schule kommen, wird alles noch komplizierter: Auf dem Platz sitzen bleiben, aufpassen, den Anweisungen des Lehrers folgen, Aufgaben zügig anfangen und zu Ende bringen, sich mit den Klassenkameraden vertragen, Hausaufgaben zuverlässig und ordentlich erledigen – all das

Kapitel 2: Welche Regeln soll mein Kind lernen?

wird von heute auf morgen von den Kindern verlangt. Aber nicht alle schaffen das.

Jedes Problem, und sollte es noch so selten vorkommen, muss ernst genommen werden, wenn die Eltern es als solches empfinden. Da ich mit diesem Buch möglichst viele Eltern ansprechen will, habe ich mich bei der Auswahl der besprochenen Regeln an den besonders häufigen Problemen orientiert. Die Hinweise und Tipps aus diesem Buch können aber auch bei anderen Problemen angewendet werden.

Kapitel 2: Das Wichtigste in Kürze

- **Wunsch und Wirklichkeit liegen oft weit auseinander**
  Viele Eltern haben an ihr Kind so hohe Erwartungen geknüpft, dass sie von seiner Entwicklung enttäuscht sind. Klüger ist es, das eigene Kind zunächst einmal so anzunehmen, wie es ist.
- **Kinder lernen Regeln vom Babyalter an**
  Schon ein Baby kann sich Reaktionen der Eltern merken und daraus Schlussfolgerungen für sein eigenes Verhalten ziehen. Ob Baby, Kleinkind, Kindergartenkind oder Schulkind – Kinder lernen Regeln aus den Erfahrungen, die sie Tag für Tag mit ihren Eltern machen. Vom Kindergartenalter an wird Einfluss von außen immer wichtiger.
- **Die Eltern wählen Regeln für ihre Kinder aus.**
  Sie können sich dabei von eigenen Erfahrungen oder von fachlichen Ratschlägen leiten lassen. Es hat große Vorteile, wenn Eltern wissen, was ihnen wichtig ist – und welche Probleme sie sich ersparen wollen.
  In den ersten sechs Lebensjahren beklagen sich Eltern besonders oft, dass
  – ihr Kind pausenlos beschäftigt werden will
  – nicht „hört"
  – mehrmals pro Woche Trotzanfälle hat
  – Probleme mit dem Schlafen hat
  In bestimmten Altersgruppen spielen Ängste, Ess-Störungen und nächtliches Einnässen eine wichtige Rolle.

3
Und jeden Tag Theater … Der Kampf um Aufmerksamkeit

In diesem Kapitel erfahren Sie, …

- warum Erziehung ohne Auseinandersetzungen nicht möglich ist
- welche guten Gründe Ihr Kind haben kann, sich auffällig zu benehmen
- wie es zu einem verhängnisvollen Kreislauf kommen kann, wenn Ihr Kind um Ihre Aufmerksamkeit kämpft
- welche wirksamen Gegenmittel einen Kampf um Aufmerksamkeit für Ihr Kind überflüssig machen

Warum Erziehung ohne Auseinandersetzungen nicht möglich ist

Erziehung ohne Konflikte und ohne Auseinandersetzungen ist nicht möglich. Das hat einen ganz einfachen Grund. Erziehen bedeutet manchmal: etwas beenden, was dem Kind Spaß macht. Fernsehen, Süßigkeiten essen, im Wasser herumplantschen, draußen spielen, toben – immer wieder sind die Eltern die „Spaßverderber", die irgendwann sagen: *„Jetzt ist es genug. Jetzt musst du damit aufhören"*. Damit machen sie sich nicht gerade beliebt. Es ist völlig verständlich, dass ihre Kinder dann protestieren, schimpfen oder schlechte Laune bekommen. Und dass sie versuchen, ihre schlechte Laune am „Spaßverderber" auszulassen.

Erziehen bedeutet auch: die Kinder zu etwas bewegen, was ihnen keineswegs Spaß macht – Aufräumen, Zähne putzen, ins Bett gehen, Hausaufgaben machen. Viele Kinder tun das nicht von allein. Wieder liegt es nahe, dass sie protestieren, schimpfen und schlechte Laune bekommen und sie an denen auslassen, die diese langweiligen Sachen von ihnen fordern.

Stellen Sie sich vor, Ihr Kind würde auf jede Aufforderung antworten: *„Ja, Mami"*. Und dann würde es sofort das machen, was Sie von ihm wollen. Brav wie ein Lämmchen. Käme Ihnen das nicht merkwürdig vor? Die meisten Kinder sind von Natur aus keine braven Lämmchen, die am liebsten in Frieden und Harmonie mit ihren Eltern und Geschwistern zusammen leben wollen. Wäre es so, wäre Erziehung einfach. Die meisten Kinder wissen schon sehr früh ziemlich genau, was sie wollen – und noch besser, was sie *nicht* wollen. Und sie sind bereit, dafür zu kämpfen. Da ähneln sie schon eher kleinen Löwenkindern, die sich den ganzen Tag im spielerischen Kampf messen. Auch kleine Menschenkinder wollen wissen, wer der Stärkere ist. Sie wollen wissen, wie viel Macht und Einfluss sie haben und bei wem und womit sie sich durchsetzen können.

Diese grundsätzliche Kampfbereitschaft haben die Menschen mit allen Säugetieren gemeinsam. Der verhaltensbiologische Fachbegriff dafür heißt „Aggressive soziale Exploration": Die Kinder erforschen (= Exploration), wie weit ihr Einfluss in ihrem sozialen Umfeld geht, bei wem sie was bewirken können. Dazu gehört zum Beispiel das harmlose Spiel, immer wieder den Löffel vom Hochstuhl fallen zu lassen und sich jedes Mal zu freuen, wenn Mama ihn wieder aufhebt. Es gehört aber auch dazu, aggressives Verhalten auszuprobieren: hauen, beißen, sich schreiend auf den Boden werfen. Es ist völlig normal, dass die Kinder dieses Verhalten ausprobieren. Und es ist die Aufgabe der Eltern, ihnen dann Grenzen zu setzen, wenn sie zu weit gegangen sind und andere mit ihrem Verhalten beeinträchtigen. Oder wenn sie ihren Willen durchsetzen wollen, obwohl gerade keine Zeit für Spaß ist, sondern langweilige Pflichten erfüllt werden müssen.

Aus diesen Erkenntnissen ergeben sich für die Eltern drei wichtige Konsequenzen:

- Es ist nicht gut für die Stimmung in der Familie, wenn nur einer der beiden Eltern die undankbare Rolle des „Spaßverderbers" übernimmt. Oft bleibt dieser Job fast ausschließlich an der Mutter hängen, während der Vater eher für die angenehmen Freizeitaktivitäten zuständig ist. Viel sinnvoller ist es, wenn beide Eltern an beidem teilhaben: Spaß mit dem Kind haben, aber auch Pflichten einfordern.
- Auseinandersetzungen zwischen Eltern und Kind lassen sich nicht ganz vermeiden. Kinder müssen kämpfen, wenn sie nicht ihren Willen bekommen. Aber die Eltern müssen nicht jeden Kampf mitmachen. Sie müssen nicht jede Provokation, jedes Schimpfen und jeden Trotzanfall des Kindes auf sich beziehen. Sie können ruhig und gelassen bleiben, denn Sie können davon ausgehen: Ihr Kind meint es nicht persönlich. Es testet nur gerade wieder aus, wie weit es gehen kann. An wem könnte es das besser austesten als an Ihnen?
- Nicht alle Kinder finden es gleichermaßen faszinierend zu kämpfen und sich zu messen. Von den ersten Lebensmonaten an gibt es da große Unterschiede. Die kleinen „Kämpfer" können sich furchtbar aufregen, wenn etwas nicht

nach ihrem Willen geht. Ein winziger Anlass – zum Beispiel ein nicht sofort erfüllter Wunsch nach einer Süßigkeit – kann heftigste Reaktionen auslösen: Langanhaltendes Brüllen, auf den Boden werfen, mit dem Kopf schlagen. Je größer das Kämpferherz, desto stärker und ausdauernder wird versucht, das erwünschte Ziel zu erreichen. Für die Eltern solcher Kinder ist die Erziehung eine besondere Herausforderung. Nachgeben bedeutet: *„Endlich Ruhe!"* Es bedeutet aber auch: Dem Kind gute Gründe geben, mit seinem auffälligen Verhalten weiter zu machen.

Kapitel 3: Und jeden Tag Theater ... Der Kampf um Aufmerksamkeit

Gute Gründe für auffälliges Verhalten – ein Kreislauf

Wenn Sie Ihrem Kind Grenzen setzen, reagiert es verständlicherweise missmutig. Es will lieber seinen Willen durchsetzen und kämpft darum. Die Art und Weise, wie es kämpft, empfinden die Eltern zu Recht oft als unangemessenes, auffälliges Verhalten: Das Kind läuft weg, schreit, wirft sich auf den Boden, schlägt, bleibt nicht in seinem Bett. Warum kommt das immer wieder vor? Ist es wirklich die reine Lust an der Auseinandersetzung? So einfach ist es nicht. Es lohnt sich genau hinzusehen: Was passiert, wenn sich mein Kind auffällig verhält? Wie reagiere ich darauf? Hat es gute Gründe, auch bei der nächsten Gelegenheit wieder „auszuflippen"? Hat es wirklich gute Gründe, sich beim nächsten Mal besser zu benehmen?

Fast immer hat ein Kind gute Gründe, mit seinem auffälligen Verhalten fortzufahren. Aus seiner Sicht gibt es wahrscheinlich keinen Grund, sein Verhalten zu ändern. Fast immer spielt dabei ein ganz grundlegender Wunsch Ihres Kindes eine Rolle: *„Ich will Aufmerksamkeit! Ich will wichtig genommen werden! Ich will dazu gehören!"*

Schauen wir uns noch einmal das Verhalten der „schwierigen Kinder" aus dem ersten Kapitel an. Zunächst war da Paul, das Baby, das pausenlos beschäftigt werden will. Warum brüllt er so oft, obwohl er doch so viel Zuwendung bekommt? Die Gegenfrage: Warum sollte er damit aufhören? Er macht doch täglich viele Male die Erfahrung, dass sein Schreien sich auszahlt: Alle paar Minuten lässt sich seine Mami etwas Neues für ihn einfallen. Wie sollte er auf die Idee kommen, sich jemals eine eigene Beschäftigung zu suchen? Wie soll er auf die Idee kommen, dass er sich ganz allein entscheiden kann, mit dem Schreien aufzuhören – wo seine Mami ihn doch bisher jedesmal getröstet hat?

Erinnern Sie sich an Patrick, den „Schrecken der Spielgruppe"? Was passiert, wenn er wieder ein anderes Kind verhauen oder ihm Spielzeug weggerissen hat? Seine Mutter kommt schnell zu ihm, erklärt ihm, dass er das nicht darf, warum er das nicht darf, und beschäftigt sich in der nächsten Viertelstunde besonders intensiv mit ihm, um ihn „abzulenken". So hat er nichts verloren und jede Menge Aufmerksamkeit gewonnen. Warum sollte er sein Verhalten ändern?

Carola, die „schlechte Esserin" macht die Erfahrung: Ich bekomme von Mami am meisten Aufmerksamkeit, wenn ich beim Essen Theater mache. Damit kann ich jede Mahlzeit nach Belieben ausdehnen und kontrollieren. Miriam, das Kindergartenkind, erreicht mit ihrem Trödeln, dass sie zu Hause bleiben darf. Vicky erreicht mit ihren Bauchschmerzen, dass sie nicht in die Schule muss.

Alle Kinder haben eins gemeinsam: Ihr auffälliges, unerwünschtes Verhalten zahlt sich aus. Sie bekommen mehr Aufmerksamkeit. *Welches* auffällige Verhalten die Kinder auswählen, macht keinen großen Unterschied. Jedes Kind hat sein eigenes Temperament und seine eigene Veranlagung. Jede Mutter hat aber auch ihre besonders verletzliche Seite. Nicht selten haben Kinder ein sehr genaues Gespür dafür, mit welchem Verhalten sie ihre Mutter oder ihren Vater am wirkungsvollsten verunsichern können. Je unsicherer die Eltern wirken, desto eher bekommt das Kind „Oberwasser" für sein auffälliges Verhalten. Es lernt zusätzlich: *„Ich bekomme damit nicht nur Aufmerksamkeit, sondern ich setze sogar meinen Willen durch! Ich bin stärker als meine Eltern! Ich entscheide hier im Haus, wie es läuft!"*

Tatsächlich bekommt ein Kind oft viel mehr Einfluss, als ihm gut tut. Es fühlt sich stark, weil es im Machtkampf mit anderen – sogar mit Erwachsenen – oft Sieger bleibt. Mit echtem Selbstvertrauen hat das allerdings nichts zu tun. Das Kind ruht nicht in sich selbst. Es fühlt sich nicht angenommen. Es muss sich und den anderen ständig beweisen, dass es „stärker" ist. Es muss täglich aufs Neue um Aufmerksamkeit kämpfen, weil es zu der Überzeugung gekommen ist: *„Freiwillig beschäftigt sich ja doch keiner mit mir. Wenn ich mich auffällig verhalte, kümmert sich sofort jemand um mich. Wenn ich mich mal normal und friedlich benehme, passiert gar nichts."*

Die Gefahr, dass genau das eintritt, ist sehr groß. Eltern, die ihrem Kind immer wieder erklären, warum es dies oder jenes nicht tun soll, immer wieder mit ihm schimpfen, immer wieder diskutieren und letztlich immer wieder nachgeben, werden mit der Zeit sauer. Sie merken, dass ihr Handeln keinen Erfolg hat. Die Misserfolge machen mürbe. Irgendwann liegen die Nerven blank. Der Umgang mit dem Kind wird zunehmend gereizter. Die Angst vor dem nächsten Streit sitzt den Eltern manchmal schon im Nacken, wenn das Kind tatsächlich mal eine Zeitlang friedlich ist.

Auch besonders engagierte Eltern, die sich viel Zeit für ihre Kinder nehmen, können unbemerkt und ungewollt in den Kreislauf „Kampf um Aufmerksamkeit" hineingeraten. Für das Kind ist es unmöglich, sich aus eigener Kraft daraus zu befreien. Nur die Eltern können den Anfang machen und an irgendeiner Stelle aus dem Kreislauf ausscheren.

Abbildung 1:
Die Pfeile im Kreis entsprechen den Pfeilen in den folgenden Fallbeispielen

Durch diesen Kreislauf können ganz verschiedene „schwierige" Verhaltensweisen des Kindes aufrecht erhalten werden. Auch können die Eltern ihrem Kind auf ganz verschiedene Art und Weise Aufmerksamkeit geben. Erstaunlicherweise empfinden Kinder nämlich auch negative Zuwendungen wie Schimpfen, Ermahnungen und Schläge als „Im-Mittelpunkt-Stehen" – nicht nur Trösten, gemeinsames Spielen und Auf-den-Schoß-Nehmen. Es ist, als ob die Kinder meinten: *„Wenn ich schon keine liebevolle Zuwendung bekommen kann, will ich wenigstens ablehnende Aufmerksamkeit."* Die folgenden Beispiele sollen den Kreislauf „Kampf um Aufmerksamkeit" verdeutlichen.

Kapitel 3: Und jeden Tag Theater … Der Kampf um Aufmerksamkeit

Fallbeispiele

- **Das Kind verhält sich auffällig: Manuel**, fünf Jahre alt, macht jeden Abend beim Zubettgehen eine Stunde lang „Theater". Er will nicht nur eine, sondern viele Geschichten, steht danach immer wieder auf, will etwas essen oder etwas trinken und verlangt jeden zweiten Tag, dass seine Mama sich zu ihm legt, weil er „Angst" hat. → **Eltern reagieren mit Aufmerksamkeit:** Manuels Mama liest jeden Abend mindestens drei Geschichten vor. Manuel verlangt regelmäßig mehr und weint. Meistens gibt die Mutter nach und liest weiter. → **Kind lernt: Auffälliges Verhalten wird belohnt:** Manuel spürt: *„Mit Weinen kann ich meistens noch eine oder zwei Geschichten mehr herausschlagen. Mal sehen, was ich noch alles erreichen kann."* → **Kind wiederholt auffälliges Verhalten:** Manuel macht weiter „Theater". Er steht auf, ruft, weint, fordert. → **Eltern sind gereizt und reagieren zunehmend widerwillig mit Aufmerksamkeit:** Anfangs ist Manuels Mama noch ruhig. Sie gibt ihm zu essen und zu trinken und schickt ihn immer wieder ins Bett. Irgendwann verliert sie die Nerven. Sie fängt an zu schreien: *„Jetzt ist aber Schluss! Jeden Abend machst du so einen Zirkus! Das ist ja nicht zum Aushalten mit dir!"* Einige Male hat sie Manuel in ihrer Verzweiflung festgehalten und geschüttelt, einmal hat sie ihn regelrecht verhauen. Wenn sie schließlich nachgibt und sich neben Manuel ins Bett legt, kocht sie innerlich vor Wut und wartet ungeduldig darauf, dass er endlich einschläft. → **Kind bekommt wenig spontane Zuwendung:** Manuels Mutter hat regelrecht Angst vor dem Abendritual. Sie ahnt, was auf sie zukommt. Das Vorlesen macht ihr keinen Spaß, denn sie weiß: Manuel kann sowieso nie genug kriegen. Ihre Zuwendung kommt nicht von Herzen. Das Übermaß an Aufmerksamkeit gibt sie ihrem Sohn nicht freiwillig, sondern nur, weil er sie dazu zwingt. Wenn Manuel sich ausnahmsweise einmal mit einer Geschichte zufrieden gibt und danach ruhig in seinem Bett bleibt, ist seine Mutter heilfroh, endlich einmal ihre Ruhe zu haben. Sie hütet sich davor, sein Zimmer noch einmal zu betreten. → **Kind lernt: Aufmerksamkeit muss ich mir erkämpfen:** Manuel merkt genau, dass seine Mutter abends ihre

Zeit nicht gern mit ihm zusammen verbringt. Er denkt sich: *„Anscheinend mag sie mich nicht so besonders. Aber ich will, dass sie sich mit mir beschäftigt! Ich weiß schon, wie ich das am besten schaffe: Wenn ich abends Theater mache, habe ich sie eine Stunde ganz für mich alleine!"* → **Kind verhält sich auffällig:** Manuel macht am nächsten Tag wieder Theater …

Nicht nur im Elternhaus kommt so ein Kreislauf häufig vor. Im Kindergarten oder in der Schule kann es ebenfalls passieren. Oft begibt sich das Kind sogar von einem Kreislauf in den nächsten – und hat sein Weltbild damit um so mehr verfestigt: *„Ich kann und muss alle Erwachsenen dazu zwingen, dass sie sich um mich kümmern."* – Diesmal soll eine Geschichte aus dem Kindergarten den Ablauf des Kreislaufs von Abbildung 1 (S. 49) anschaulich machen.

- **Nina** ist vier Jahre alt. Sie hat ein besonders enges und inniges Verhältnis zu ihrer Mutter. Allerdings empfindet die Mutter Nina mitunter als anstrengend, weil sie auf Trennung häufig mit Tränen und tiefer Traurigkeit reagiert. Nina ist beliebt bei den anderen Kindern, denn sie hat viel Charme und tausend Ideen. Manchmal spielt sie den ganzen Tag draußen mit ihren Freunden. Sie lädt sich gern Spielkameraden ein, besucht ihrerseits aber niemanden ohne ihre geliebte Mama. Im ersten Kindergartenjahr klappte die Trennung von der Mutter nach einer wie erwartet schwierigen Anfangsphase ganz gut. Seit den Sommerferien, zu Beginn des zweiten Kindergartenjahres, benimmt sich Nina plötzlich sehr auffällig. Schon zu Hause fängt sie an, herzzerreißend zu weinen: *„Muss ich wirklich in den Kindergarten?"* Meist wird sie vom Vater gebracht, damit der Trennungsschmerz nicht ganz so groß ist. Im Kindergarten geht das „Theater" weiter. **Kind verhält sich auffällig:** → Nina spielt nicht, sondern sie setzt sich in eine Ecke und weint herzzerreißend leise vor sich hin. Fragt man sie nach ihrem Kummer, lautet die Antwort: *„Ich weiß auch nicht, warum ich so traurig bin."* → **Erzieherinnen reagieren mit Aufmerksamkeit:** Irgendwann erbarmt sich eine Erzieherin, nimmt Nina auf den Schoß, tröstet sie, bietet ihr ein Spiel an. Nach langer intensiver Zuwendung hört Nina auf zu weinen und beschäftigt sich eine Weile friedlich. → **Kind lernt: Auffälliges Verhalten wird belohnt.**

Kapitel 3: Und jeden Tag Theater … Der Kampf um Aufmerksamkeit

Nina denkt: *„Mit niemandem spielt die Erzieherin so viel wie mit mir. Meine Tränen scheinen sie sehr zu beeindrucken."* → **Kind wiederholt auffälliges Verhalten:** In diesem Kindergarten nehmen alle 25 Kinder ihr Frühstück gemeinsam ein. Es wird gewartet, bis alle Kinder fertig sind. Erst dann darf wieder gespielt werden. Nina hasst dieses langweilige Stillsitzen. Sie hat herausgefunden, wie sie es erheblich abkürzen kann: Regelmäßig beim Frühstück fängt sie wieder herzzerreißend an zu weinen. Trösten ist zwecklos. Oft darf Nina dann als Erste aufstehen und in einer Ecke allein spielen. Allerdings weint sie meist immer noch weiter. → **Erwachsene sind gereizt und reagieren zunehmend widerwillig mit Aufmerksamkeit:** Wenn die Erzieherin sich nicht mehr zu helfen weiß, schickt sie Nina ins Büro der Leiterin. Die hat eigentlich viel zu tun und fühlt sich gestört. Weil sie schnell ihre Ruhe haben möchte, bietet sie Nina regelmäßig Bonbons an (die sie zu Hause ausschließlich samstags bekommt) und bringt sie dazu, dass sie in ihrem Büro – zunächst noch leise schluchzend – anfängt zu spielen. Hat sie sich beruhigt, wird Nina in die Gruppe zurück geschickt. → **Kind bekommt wenig spontane Zuwendung:** Die Erzieherinnen sind immer froh, wenn Nina gerade nicht weint. Aufmerksamkeit bekommt sie nur, solange sie weint. Durch ihre Sonderrolle hat Nina recht wenig Kontakt zu den anderen Kindern. Allmählich hören die freundlichen Annäherungsversuche der anderen Kinder auf. Nina kommt zu dem Ergebnis: *„Mit Kindern spielen ist doof. Mir macht es nur mit Erwachsenen Spaß."* → **Kind lernt: Aufmerksamkeit muss ich mir erkämpfen:** Nina merkt, dass sie den Erzieherinnen mit ihrem stundenlangen Weinen so langsam auf die Nerven fällt. Aber sie weiß, was sie tun muss, um eine besonders intensive „Behandlung" einschließlich Bonbons zu bekommen und um dem langweiligen gemeinsamen Frühstück zu entgehen: Möglichst lange und herzzerreißend weinen. Leider entgeht ihr in diesem Kampf um Aufmerksamkeit völlig, dass es auch Spaß machen kann, mit anderen Kindern zu spielen! → **Kind verhält sich auffällig:** Am nächsten Tag weint Nina wieder …

Wirksame Gegenmittel

Haben Sie festgestellt, dass Sie mit Ihrem Kind mitten in einem ähnlichen Kreislauf stecken? Oder möchten Sie gern von vornherein vermeiden, in einen solchen Kreislauf hineinzugeraten? Es gibt einige wirksame Gegenmittel.

- Sie können dafür sorgen, dass Ihrem Kind durch auffälliges, unangemessenes Verhalten keine Vorteile mehr entstehen.
- Sie können Ihrem Kind zuhören und auf seine Bedürfnisse achten.
- Sie können Ich-Botschaften senden.
- Sie können Ihrem Kind mehr Verantwortung für sein Verhalten übertragen.
- Sie können Ihr Zusammenleben durch feste Rituale vereinfachen.
- Sie können ihm freiwillig soviel Aufmerksamkeit schenken, dass es nicht mehr darum kämpfen muss.

Unangemessenes Verhalten nicht belohnen

Wie viele gute Gründe ein Kind hat, „Theater" zu machen, haben wir an vielen Beispielen gezeigt. Oft belohnen wir Eltern durch unsere Reaktion genau die Verhaltensweisen, die uns eigentlich stören. Was wir dabei genau falsch machen und wie wir stattdessen angemessen handeln können – diese Fragen werden im vierten und fünften Kapitel ausführlich behandelt.

Dem Kind zuhören

Zuhören – das hört sich leicht an und ist doch recht schwierig. Babys können noch gar nicht reden. Aber wir können ihnen schon zuhören: Wir können versuchen, aus ihrem Weinen eine Botschaft herauszuhören. Was will das Kind uns mitteilen: Ich habe Hunger, Durst, Schmerzen, Wut oder Langeweile? Es erfordert genaue Beobachtung und Übung, die richtige Botschaft zu entschlüsseln. Auch wenn das Kind sprechen lernt, werden wir aus seinen Worten nicht immer ganz schlau. Es wird aber sehr ungehalten, wenn wir Erwachsene uns so dumm anstellen und seine Zweiwortsätze nicht richtig verstehen können. Wir können raten und ihm mehrere Möglichkeiten anbieten. Auf jeden Fall können wir ihm zeigen: Wir nehmen dich ernst und hören dir zu.

Kinder sprechen oft nicht gern über ihre Gefühle und Bedürfnisse. Ähnlich wie bei einem Baby müssen wir Eltern mühsam entschlüsseln, was eigentlich in ihnen vorgeht. *Thomas Gordon* hat zu diesem Thema schon 1970 einen Elternratgeber geschrieben, den man ebenfalls zu den „Klassikern" der Erziehungsliteratur zählen kann: „*Familienkonferenz*"[5]. Er verwendet den Begriff „aktives Zuhören" und appelliert an die Eltern: Fragen Sie sich immer wieder: „*Welche Bedürfnisse und Gefühle stehen hinter dem, was mein Kind sagt?*" Bieten Sie Ihrem Kind das an, was Sie herausgehört haben. Sie können ihm so helfen, sich über seine Gefühle klar zu werden und eigene Lösungen zu finden.

Das folgende Gespräch zwischen dem achtjährigen Tom und seiner Mutter soll verdeutlichen, was mit „aktivem Zuhören" gemeint ist.

Tom: „*Der Basti ist voll blöd. Immer will er alles bestimmen. Sonst will er gar nicht mit mir spielen.*"
Mutter: „*Du bist ja richtig sauer auf den Bastian.*"
Tom: „*Sauer? Ich hasse ihn. Der soll überhaupt nie mehr mein Freund sein.*"
Mutter: „*Junge, was bist du sauer. Am liebsten würdest du ihn überhaupt nicht mehr sehen, stimmts?*"
Tom: „*Genau, nie mehr. Aber mit wem soll ich dann spielen?*"
Mutter: *Ganz ohne Freund ist auch nicht so gut...*
Tom: „*Das stimmt. Aber ich kann mich doch nicht wieder mit ihm vertragen! Wenn er doch so blöd ist!*"
Mutter: „*Vertragen ist ganz schön schwer, wenn man Wut im Bauch hat.*"
Tom: „*Komisch, sonst durfte ich immer bestimmen. Er hat alles gemacht. Und jetzt will er alles bestimmen.*"

Mutter: *„Er lässt sich von dir nicht mehr so herumkommandieren."*
Tom: *„Auf einmal ist er kein Baby mehr. Es macht jetzt aber auch manchmal mehr Spaß mit ihm."*
Mutter: *„Eigentlich gefällt es dir so besser."*
Tom: *„Ja, aber bis jetzt war ich doch immer der Chef. Daran habe ich mich gewöhnt. Wenn ich ihn auch mal bestimmen lasse – ob wir uns dann wohl besser vertragen?"*
Mutter: *„Du meinst, ihr bestimmt abwechselnd – und dann kriegt ihr nicht mehr so leicht Krach?"*
Tom: *„Ja, vielleicht. Ich versuch's mal."*

Dieses einfühlsame Zuhören macht einen Kampf um Aufmerksamkeit überflüssig. Es hilft dem Kind, einen eigenen Weg zu finden und selbst die Verantwortung zu übernehmen.
Manchmal wird aus dem „Zuhören" schon fast ein „Übersetzen". Stellen Sie sich vor, Sie holen Ihr Kind vom Kindergarten ab. Ihr Kind läuft aber nicht freudestrahlend auf Sie zu, sondern empfängt Sie mit einem missmutigen: *„Du blöde Mama. Du sollst mich nicht abholen."* Was geht in Ihrem Kind wohl vor? Glauben Sie wirklich, es findet Sie „blöd"? Wahrscheinlich ist es nur enttäuscht, dass es gerade jetzt abgeholt wird, wo es doch mitten im Spiel ist. Genau das können Sie ihm in dieser Situation sagen: *„Ausgerechnet jetzt muss ich kommen und dich abholen, wo du gerade so schön spielst!"*
Sie haben die Botschaft Ihres Kindes übersetzt – und es fühlt sich verstanden. Sie geben ihm keinen Grund, weiter mit Ihnen zu kämpfen. Sie müssen nicht weiter mit ihm diskutieren – nur darauf bestehen, dass es mit Ihnen nach Hause kommt.

Ich-Botschaften senden

Thomas Gordon erläutert in seinem Buch ein weiteres wirksames Mittel gegen einen Kampf um Aufmerksamkeit. Er spricht von Ich-Botschaften. Damit ist gemeint: Wenn unser Kind sich unangemessen verhält, können wir ihm sagen,

Kapitel 3: Und jeden Tag Theater … Der Kampf um Aufmerksamkeit

wie wir uns fühlen. Unser Kind fühlt sich dadurch eher ernst genommen und wird mit größerer Wahrscheinlichkeit sein Verhalten ändern, als wenn wir mit ihm schimpfen.

Es folgen einige Beispiele für Ich-Botschaften zwischen Eltern und Kind:

Konflikt	**Ich-Botschaft**
Neunjähriges Kind kommt eine Stunde später als verabredet nach Hause	*„Ich bin riesig erleichtert, dass du jetzt da bist! Ich habe mir große Sorgen gemacht und richtig Angst um dich gehabt!"*
Zweijähriges Kind quengelt und zerrt an der Mutter herum, während diese telefoniert.	*„Ich muss jetzt noch zu Ende telefonieren. Das ist ganz wichtig für mich!"*
Fünfjähriges Kind zieht dem Vater beim Staubsaugen mehrmals den Stecker heraus.	*„So komme ich nicht weiter. Ich kann nicht mit dir spielen. Ich muss zuerst diese Arbeit erledigen."*
Siebenjähriges Kind hat trotz mehrfacher Versprechungen immer noch nicht sein Zimmer aufgeräumt.	*„Jetzt bin ich aber total enttäuscht! Wir hatten uns doch geeinigt, dass du heute Nachmittag aufräumst! Ich finde es so wichtig, dass ich mich auf dich verlassen kann."*

Mit dieser Methode geben Sie Ihrem Kind eine Chance, seinen Fehler selbst zu erkennen und eigenständig eine Lösung zu finden. Auf negative Aufmerksamkeit verzichten Sie ganz. Ihr Kind lernt, mehr Verantwortung für sein Verhalten zu übernehmen.

Sätze, die mit *„Es tut mir leid ..."* beginnen, können auch sehr hilfreiche Ich-Botschaften sein. Sätze wie *„Stell dich nicht so an"* oder *„Das ist doch alles gar nicht so schlimm"* sind wesentlich beliebter, bringen aber gar nichts.

Problem des Kindes	**Ich-Botschaft**
Kind ist hingefallen und weint	*„Es tut mir so leid, dass es dir so weh tut!"*
Kind weint, weil es nicht in den Kindergarten gehen will	*„Es tut mir so leid, dass du noch nicht gern in den Kindergarten gehst. Ich werde mich riesig für dich freuen, wenn es dir dort mehr Spaß macht."*
Kind quengelt, weil ihm langweilig ist	*„Das tut mir wirklich leid, dass dir im Moment gar nichts einfällt, was du machen könntest."*

Mit dem Zaubersatz *„Es tut mir leid"* zeigen Sie Verständnis und Mitgefühl, aber unausgesprochen steckt auch darin: *„Ich traue dir zu, dass du damit fertig wirst."* Ein ironischer Tonfall kann die Wirkung allerdings ins Gegenteil verkehren.

Dem Kind mehr Verantwortung geben

Im zweiten Kapitel haben wir betont, wie dringend Kinder Grenzen brauchen. Wir haben die Eltern aufgerufen, sich zu ihrer Verantwortung zu bekennen und Entscheidungen zu treffen, welche Grenzen sie setzen wollen. Und nun der Vorschlag *„Mehr Verantwortung für das Kind"* – ist das kein Widerspruch? In Wirklichkeit gehört beides zusammen.

Kapitel 3: Und jeden Tag Theater ... Der Kampf um Aufmerksamkeit

Vielen Kindern scheint es äußerst wichtig zu sein, Erwachsene zu steuern und zu kontrollieren. Zu ihren eigenen Bedürfnissen und Gefühlen haben sie dagegen kaum Zugang. Mit sich selbst, mit eigener freier und unverplanter Zeit, wissen sie recht wenig anzufangen. Auf diesem Feld müssen Kinder lernen, Entscheidungen selbst zu treffen und die Verantwortung dafür selbst zu übernehmen. Das fängt im Babyalter an.

Stellen Sie sich vor: Ihr Baby ist satt und frisch gewickelt. Es ist gesund und munter, Sie haben gerade eine halbe Stunde lang viel Spaß miteinander gehabt. Nun legen Sie es auf seine Spieldecke und wollen im Haushalt etwas erledigen. Es mag sich aber nicht allein beschäftigen und fängt an zu schreien. Was tun Sie? Sie haben die Wahl: Unterbrechen Sie Ihre Arbeit sofort, um das Baby aufzunehmen und zu trösten? Tun Sie das immer, sobald Ihr Baby weint? Was lernt Ihr Baby daraus? Es lernt: *„Mami ist dafür zuständig, wie ich mich fühle. Wenn ich nicht so gut gelaunt bin, ist es ihre Sache, das zu ändern."* Das Kind hat keine Chance, für sein eigenes Wohlbefinden Verantwortung zu übernehmen. Es hat keine Chance zu lernen: *„Ich kann anfangen zu weinen, sobald mir danach zumute ist. Ich kann aber auch damit aufhören, sobald mir etwas Besseres einfällt."* Die Mutter nimmt ihm die Entscheidung „weinen oder nicht weinen" ab – und steckt schon mit einem Bein im Kreislauf „Kampf um Aufmerksamkeit".

Damit keine Missverständnisse aufkommen: Unsere Empfehlung lautet nicht *„Pausenlos schreien lassen."* Wann ein Kind wirklich Trost und Hilfe braucht, können die meisten Eltern schon nach wenigen Wochen am Klang seiner Stimme hören. Weint es aber aus Langeweile, vor Ärger, aus Trotz oder um seinen Willen zu bekommen, sollte es lernen, sich auch einmal selbst zu beruhigen. Die Eltern können in seiner Nähe bleiben, alle paar Minuten mit ihm reden (*„Na, willst du noch weiter weinen, oder hast du jetzt mal Lust zu spielen?"*) oder es kurz auf den Arm nehmen.

Bitte bedenken Sie: **Ihr Kind hat ein Recht auf schlechte Laune.** Sie können von ihm verlangen, dass es sich ab und zu allein beschäftigt, aber Sie können nicht verlangen, dass es das gern tut. Gelassen und fröhlich das Weinen Ihres Kindes ertragen – wenn es keinen echten Kummer hat – ist eine äußerst hilfreiche Fähigkeit. Alle Eltern und ihre Kinder können davon nur profitieren. Hat Ihr Kind sich tatsächlich aus eigener Kraft beruhigt, haben Sie einen guten Grund, sich dann wieder intensiv und mit Freuden mit ihm zu beschäftigen.

Was im Babyalter beginnt, setzt sich beim Kleinkind fort: Mehr und mehr Entscheidungen über seine eigenen Bedürfnisse kann Ihr Kind selbst treffen – und die natürlichen Folgen selbst erfahren. Sie können und sollten zum Beispiel für Ihr Kind entscheiden, *wann* Sie ihm etwas zu essen anbieten, und Sie können und sollten entscheiden, *welche* Speisen Sie ihm anbieten. Niemand anders als Ihr Kind sollte aber entscheiden, *wie viel* es zu sich nehmen möchte! Sobald Ihr Kind nicht mehr mag, sollte die Mahlzeit beendet werden. Es wird sehr schnell lernen, das richtige Maß zu finden – wenn die Mahlzeiten regelmäßig zu festen Zeiten stattfinden. Vertrauen Sie Ihrem Kind – es kann diese Entscheidung wirklich selbst treffen! Wer mit dem Löffel in der Hand hinter seinem Kind herläuft und so seinem Kind Nahrung einflößen will, steckt schon mit beiden Beinen im Kreislauf „Kampf um Aufmerksamkeit". Bedenken Sie: Das Problem *„Mein Kind isst zu wenig"* steckt fast immer in den Köpfen der Eltern. Wenn ein Kind das Essen verweigert, trifft es damit oft eine besonders verletzliche Seite der Mutter. Das Kind spürt genau, dass sich dieses Feld für einen „Kampf um Aufmerksamkeit" bestens eignet.

Eltern von Kindergartenkindern klagen besonders oft über das Trödeln morgens beim Anziehen. Sie wissen: Um 9 Uhr wird der Kindergarten geschlossen. Tatsächlich ist es Ihre Aufgabe, Ihr Kind pünktlich dorthin zu bringen. Aber ob Ihr Kind ordentlich gekämmt und perfekt angezogen ist und Zeit zu einem gemütlichen Frühstück hat – diese Entscheidung können Sie Ihrem Kind übertragen. Wenn es sich selbst verantwortlich fühlt, hat es keinen Grund mehr, morgens „Theater" zu machen.

Das leidigste Thema bei Schulkindern sind die Hausaufgaben. Wieder lautet die Frage: Wer fühlt sich in Ihrer Familie eigentlich für die richtige und vollständige Erledigung der Hausaufgaben zuständig – Sie oder Ihr Kind? Die Verantwortung sollten Sie Ihrem Kind zurückgeben. Sie können Ihrem Kind zwar Grenzen setzen, wann und wie lange es seine Aufgaben macht. Wie ordentlich, wie vollständig, wie ausführlich, wie perfekt Ihr Kind sie ausführen will, sollte es aber selbst entscheiden dürfen. Nur dann kann es sich für die Folgen – ob

Erfolg oder Misserfolg – selbst verantwortlich fühlen. Sie selbst können sich natürlich auf dem Laufenden halten, Ihrem Kind Hilfe anbieten, nachschauen, eventuell auf Fehler hinweisen und mit der Lehrerin in Kontakt bleiben. Ein Machtkampf erübrigt sich auf diese Weise.

Für alle Altersgruppen gilt: Geben Sie Ihrem Kind Verantwortung für den Umgang mit seiner Freizeit! Wenn Sie Ihr Baby pausenlos beschäftigen, kann es seine eigenen Bedürfnisse und Fähigkeiten gar nicht kennen lernen. Wenn Sie für Ihr Kindergartenkind schon einen Terminkalender führen müssen, schränken Sie nicht nur Ihr eigenes, sondern auch sein Recht auf freie Entfaltung der Persönlichkeit ein. Dasselbe gilt für Schulkinder, die von ihrer Mama – der Taxifahrerin in ständiger Dienstbereitschaft – von einem Termin zum nächsten gefahren werden. Je mehr verplante Zeit, desto häufiger wird die Frage kommen: *„Mama, was soll ich machen? Mir ist langweilig!"*

Ihr Kind hat ein Recht auf Langeweile. Lassen Sie auf keinen Fall zu, dass jede Minute Leerlauf automatisch mit Fernseh- oder Computerkonsum zugestopft wird. Ihr Kind muss und kann die Verantwortung für seine Langeweile selbst übernehmen. Es muss und kann selbst entscheiden: *„Möchte ich herumhängen oder nichts tun – oder denke ich mir etwas Besseres aus?"* Manchmal hat ein Kind tatsächlich Lust zum Nichtstun – und wir Eltern sollten das auch akzeptieren. Manchmal entstehen aber aus Langeweile die besten Ideen für kreatives Gestalten, gemeinsame Spiele oder spontane Verabredungen in der Nachbarschaft.

Am besten haben es die Kinder, bei denen das Umfeld stimmt: Sie können auf der (verkehrsberuhigten) Straße allein spielen, es wohnen viele andere Kinder dort, die sie spontan treffen können. Leider sind die Verhältnisse oft nicht so. Aber auch zu Hause kann man Freiräume schaffen: Einen Platz, an dem Kinder malen, werkeln, kneten, matschen oder toben dürfen. Dieses Angebot kann aus Platzgründen vielleicht nicht täglich gemacht werden. Aber es ist wichtig, ab und zu auch zu Hause spontan solche Aktivitäten zu fördern, statt alles grundsätzlich auf organisierte Gruppen zu verlagern. Je mehr Möglichkeiten Ihr Kind zur freien Entfaltung hat, desto leichter fällt die Antwort: *„Entscheide selbst, was du tun möchtest."*

Mehr Verantwortung für Ihr Kind – das ist ein Wagnis. Viele Eltern fragen ängstlich: *„Kann ich denn sicher sein, dass mein Kind nicht den ganzen Tag schreit? Dass es wirklich genug isst? Dass es nicht jeden Tag im Schlafanzug in den Kindergarten geht? Dass es seine Hausaufgaben auch ohne meinen Druck macht? Dass es nicht den ganzen Tag herumhängt?".* Trauen Sie Ihrem Kind nicht zu, dass es all diese Entscheidungen selbst treffen kann? Rechnen Sie bei Ihrem Kind immer mit dem Schlimmsten? Dann wird es mit großer Wahrscheinlichkeit auch eintreten. Ihr Kind spürt Ihr Misstrauen und wird dadurch entmutigt.

Ihre Botschaft muss lauten: *„Ich weiß, dass du das ganz allein entscheiden kannst. Ich vertraue darauf, dass du es richtig machst."* Ob Sie es laut aussprechen oder nicht – Ihr Kind spürt diese Grundhaltung. Ihr Vertrauen hilft Ihrem Kind sehr, eigene Entscheidungen zu treffen und Verantwortung zu übernehmen.

Feste Rituale einführen

„Klappt bei Ihnen zu Hause irgendetwas auch ohne Stress und Theater?" Nach kurzem Nachdenken können mir alle Eltern, auch die wirklich verzweifelten, einige Dinge aufzählen. Meistens handelt es sich um immer wiederkehrende Abläufe. Sie sind so selbstverständlich in der Familie, dass sie nicht mehr diskutiert werden müssen. Sie sind zu „ungeschriebenen Gesetzen" geworden und den Kindern „in Fleisch und Blut" übergegangen. Gemeint sind solche Kleinigkeiten wie das schon erwähnte Anschnallen im Auto, Schuhe ausziehen beim Betreten der Wohnung, Hände waschen vor dem Essen, Zähne putzen vor dem Schlafengehen, begrüßen und verabschieden von Gästen und ähnliches mehr. Welche „ungeschriebenen Gesetze" gibt es bei Ihnen? Wie schaffen Sie es, dass sie auch eingehalten werden?

Das klappt nur, wenn *alle* in der Familie sich daran halten. Ein Beispiel: Sie können Ihren Sohn nur dazu bringen, sich auf die Toilette zu *setzen*, wenn der Vater es auch tut. Oder: *„Jeden Morgen wird ein gesundes Frühstück eingenommen"* – das kann nicht zum Ritual werden, wenn Sie selbst mit einer Tasse Kaffee und einer Zigarette vorlieb nehmen.

Kapitel 3: Und jeden Tag Theater ... Der Kampf um Aufmerksamkeit

Nicht alle Rituale sind gut. Wir Eltern haben für unsere Kinder viele alte Zöpfe abgeschnitten, die uns noch vertraut waren: *„Nimm die Ellbogen vom Tisch! Mach gefälligst einen Diener! Beim Essen spricht man nicht! Kinder haben zu schweigen, wenn Erwachsene reden!"* Selbst die Prügelstrafe nach kindlichen „Vergehen" war in vielen Familien ein Ritual.
Gut sind dagegen Rituale, die die Gemeinsamkeit und den Zusammenhalt der Familie fördern. Dazu gehören auf jeden Fall gemeinsame Mahlzeiten. Wenn es irgendwie möglich ist, sollte sich die ganze Familie mindestens einmal am Tag zusammen an den Tisch setzen – zum Essen und zum Reden! Wenn jeder sein eigenes Süppchen kocht, das Mittagessen in mehreren Partien per Mikrowelle stattfindet und abends jeder seinen Teller mit aufs Zimmer nimmt oder vor den Fernseher stellt, geht viel Gemeinsamkeit verloren. Genau so wichtig ist ein regelmäßiges Abendritual: immer die gleiche Zeit, immer der gleiche Ablauf. Steht am Ende die gemeinsame Geschichte oder ein gemeinsames Spiel, kann sich das Kind auf einen schönen Abschluss des Tages verlassen und freuen.
Auch kleine Pflichten im Haushalt können zu Ritualen werden. Das eigene Bett machen, die Spülmaschine ausräumen, den Tisch decken – schon sehr kleine Kinder können diese Aufgaben bewältigen. Das klappt am besten, wenn jeder zu einer festen Zeit eine festgelegte, immer gleiche Aufgabe bekommt.

- Eine Mutter von drei Jungen im Alter von sechs, acht und zehn Jahren erzählte mir: *„Meine Jungen übernehmen das Tischdecken, das Abräumen und Einräumen in die Spülmaschine ganz allein. Wir haben das Geschirr so eingeordnet, dass sie an alles heranreichen können. Jeder hat zweimal pro Woche Tischdienst, an festgelegten Tagen. Sonntags ist der Papa an der Reihe. Oft muss ich mich zusammenreißen, weil alles viel schneller gehen würde, wenn ich es selbst mache. Anfangs haben sie auch immer wieder versucht, sich zu drücken. Aber mittlerweile gibt es keine Diskussionen mehr. Es klappt einfach."*

- Ein alleinerziehender, berufstätiger Vater von zwei Kindern (neun und elf Jahre alt), fand folgende Lösung: *„Wir setzen uns einmal pro Woche zu-*

sammen und legen einen Haushaltsplan fest. Wie in einer Wohngemeinschaft schreiben wir auf, wer für welche Tätigkeit verantwortlich ist. Der Plan hängt in der Küche. Es klappt nur, wenn sich alle an die Vereinbarung halten, sonst müssen alle die Folgen tragen. Diese Erfahrung haben die Kinder ein paarmal gemacht. Deshalb halten sie sich jetzt meistens daran."

Rituale sind besonders leicht einzuführen, wenn nicht nur die eigene Familie, sondern das gesamte Umfeld mitmacht. Ein gutes Beispiel ist eine gesellschaftlich völlig akzeptierte Sitte in Schweden, die mir eine schwedische Mutter so schilderte:

- *„Bei uns zu Hause bekommen Kinder in der ganzen Woche keine Süßigkeiten. Niemals käme in einem Geschäft oder in der Verwandtschaft jemand auf die Idee, ihnen welche anzubieten. An den Kassen der Supermärkte ist nichts Süßes zu finden. Die Kinder freuen sich allerdings auf den Samstag, denn am Samstag gibt es ‚Lördagsgodis' – die Samstags-Süßigkeits-Tüte. Am Samstag – und nur am Samstag! – dürfen Süßigkeiten gegessen werden. Das darf dann sogar eine ganze Tüte voll sein. Die gibt es fertig verpackt am Freitagnachmittag in den Geschäften. Am Sonntag verschwindet die Tüte wieder. Mit ihr verschwindet das Thema ‚Süßigkeiten' – bis zum nächsten Samstag. Diskussionen über dieses Thema sind überflüssig. Fast alle Familien in Schweden halten sich daran. Die Zahnärzte sind begeistert: Kaum ein Kind hat Karies."*

Zeit für Zuwendung geben

Je mehr Aufmerksamkeit Sie Ihrem Kind aus freien Stücken schenken, desto weniger muss es um Ihre Aufmerksamkeit kämpfen. Je schwieriger Ihr Kind ist, desto entscheidender ist: Sie merken auch, wenn es mal gut läuft, und lassen das Ihr Kind spüren.
Sie können sich zum Beispiel einfach mal dazusetzen und zuschauen, wenn Ihr „Wirbelwind" ausnahmsweise konzentriert mit Legosteinen spielt. Sie können

es auf den Arm nehmen und mit ihm kuscheln, wenn es gerade besonders gute statt besonders schlechte Laune hat – Sie haben beide mehr davon. *„Ich freue mich, dass es dich gibt!"* – diese Botschaft ist für Ihr Kind lebenswichtig und kann wirklich von Herzen kommen, wenn Sie sie in einem harmonischen, friedlichen Augenblick aussprechen oder ohne Worte zum Ausdruck bringen. Eine kleine Geste, ein Kuss, ein liebevoller Blick oder eine spontane Umarmung sind oft ebenso wirksam wie ein Lob.

Zeit für Zuwendung ist aber auch ganz unabhängig vom Verhalten Ihres Kindes notwendig. Sie können Ihrem Kind ein kostbares Geschenk machen:

- Führen Sie ein Ritual ein: Schenken Sie Ihrem Kind einmal am Tag Ihre Zeit und Ihre Zuwendung. Entscheiden Sie, wann Ihnen das im Tagesablauf am besten möglich ist. Ob Sie die Zeit auf zehn Minuten begrenzen oder auf eine Stunde ausdehnen, hängt von Ihren Möglichkeiten und von der Anzahl Ihrer Kinder ab. Wichtiger als die Anzahl der Minuten ist die Regelmäßigkeit. Viele Eltern nehmen diese Zeit deshalb ins Abendritual auf. Schenken Sie Ihrem Kind seine zehn, 30 oder 60 Minuten möglichst täglich. Sie wissen bereits: Rituale dulden nur seltene Ausnahmen.

- In dieser Zeit sind Sie nur für Ihr Kind da. Sie ordnen sich ganz seinen Bedürfnissen und Wünschen unter. Erklären Sie ihm: *„Jetzt bist du der Chef. Du darfst bestimmen. Ich mache alles mit."* Ihr Kind darf aussuchen, was in dieser gemeinsamen Zeit passiert: ob Sie mit ihm lesen, spielen, schmusen oder ihm einfach nur beim Spielen zuschauen. Welches Buch, welches Spiel, worüber geredet wird – all das entscheidet Ihr Kind. Fernsehen und – je nach Tageszeit – wildes Toben sollten allerdings von vornherein ausgeschlossen werden.

- Für Sie gilt dabei eine wichtige Regel: Belehren, Schimpfen und Meckern sind tabu. Bestätigen und ermutigen Sie Ihr Kind, wann immer sich die Möglichkeit bietet. Hören Sie ihm zu. Tun Sie alles, damit Ihr Kind sich gut fühlt.

Stellen Sie sich vor, jemand würde *Ihnen* täglich so ein Geschenk machen: Ihnen zuhören, auf Ihre Bedürfnisse eingehen, alles an Ihnen gut finden – wäre das nicht Balsam auch für Ihre Seele? Mit Ihrer regelmäßigen freiwilligen Zuwendung erreichen Sie, dass Ihr Kind einen Kampf um Aufmerksamkeit nicht mehr nötig hat. Sie erreichen einen Zuwachs an echtem Selbstvertrauen. Außerdem: Wenn Ihr Kind einmal am Tag unangefochten der „Chef" sein darf, fällt es ihm leichter, in der übrigen Zeit Regeln und Grenzen zu akzeptieren.

Kapitel 3: Das Wichtigste in Kürze

- **Konfliktfreie Erziehung ist nicht möglich**
  Eltern müssen ihre Kinder manchmal dazu bringen, Dinge zu tun, die sie nicht tun wollen. Verständlicherweise versuchen die Kinder, dagegen anzukämpfen und sich den Eltern gegenüber durchzusetzen.
- **Auffälliges Verhalten zahlt sich oft aus.**
  Kinder bekommen gerade dann viel Aufmerksamkeit, wenn sie auffälliges, unangebrachtes Verhalten an den Tag legen. Zusätzlich können sie damit oft noch ihren Willen durchsetzen. So haben sie keinen Grund, ihr Verhalten zu ändern.
- **„Kampf um Aufmerksamkeit" – ein Kreislauf.**
  Ihr Kind verhält sich auffällig. Sie reagieren mit Aufmerksamkeit für Ihr Kind. Ihr Kind lernt: Dieses Verhalten wird belohnt. Es verhält sich wieder auffällig. Sie reagieren zunehmend gereizt und widerwillig. Ihr Kind bekommt weniger spontane Zuwendung von Ihnen. Es lernt: Aufmerksamkeit muss ich mir durch auffälliges Verhalten erkämpfen…
- **Wirksame Gegenmittel machen einen Kampf um Aufmerksamkeit für Ihr Kind überflüssig.**
  Sorgen Sie dafür, dass Ihr Kind durch unangebrachtes Verhalten keine Vorteile mehr hat. Hören Sie ihm zu. Verwenden Sie Ich-Botschaften. Geben Sie Ihrem Kind mehr Verantwortung. Führen Sie feste Rituale ein. Planen Sie jeden Tag eine feste Zeit für Zuwendung ein.

4

„Was machen wir bloß falsch?"
Die beliebtesten Eltern-Fehler

In diesem Kapitel erfahren Sie, ...

- welche unklaren, unsicheren Reaktionen bei Eltern besonders beliebt und gleichzeitig besonders unwirksam sind
- warum feindselige Reaktionen von Eltern zu verhängnisvollen Folgen führen können

Unwirksam:
Wenn Eltern unklar und unsicher reagieren

Wenn Sie alle genannten Gegenmittel einsetzen, wird der Kampf um Aufmerksamkeit für Ihr Kind weitgehend überflüssig. Vielleicht sind Sie aber noch nicht soweit, oder Ihr Kind will trotzdem nicht (zu-)hören. Vielleicht weigert es sich immer wieder, Ihre Grenzen und Regeln zu akzeptieren. Was tun Sie, um das zu ändern?

Erstaunlicherweise sind gerade die Reaktionen bei Eltern besonders beliebt und verbreitet, die wenig Erfolg bringen. Im Gegenteil: Oft fachen sie einen „Kampf um Aufmerksamkeit" erst recht an. Die meisten Eltern merken zwar, dass ihre Methoden nicht sehr erfolgreich sind – das hindert sie aber nicht daran, immer wieder dasselbe zu versuchen, nach dem Motto: *„Irgendwann muss es mein Kind doch mal kapieren."* Wie frustrierend ist es, wenn der Erfolg auch nach dem hundertsten Versuch noch ausbleibt!

Einsicht ist der erste Schritt zur Besserung. Aus diesem Grund besprechen wir mit allen Eltern, welche Fehler im Umgang mit den Kindern besonders oft gemacht werden. Wir orientieren uns dabei an den Erfahrungen, die *Lee* und *Marlene Canter* in ihrem nur in englischer Sprache erschienenen Elternratgeber *„Assertive discipline for parents"*[6] zusammengefasst haben. Achten Sie bitte darauf, ob Sie Ihr eigenes Verhalten wiedererkennen.

Warum hört Ihr Kind nicht zu? Warum macht es trotz all Ihrer Bemühungen mit seinem unangemessenen Verhalten immer weiter? Die folgenden Eltern-Reaktionen ermuntern Kinder eher dazu, sich weiterhin schlecht zu benehmen. Wenn Sie ganz normale Eltern sind, wird Ihnen einiges bekannt vorkommen.

Kapitel 4: *„Was machen wir bloß falsch?"* Die beliebtesten Eltern-Fehler

Vorhaltungen machen

Sie werfen Ihrem Kind sein schlechtes Verhalten vor: *„Du hast ja immer noch nicht dein Zimmer aufgeräumt!"* · *„Ist es denn wahr – du ärgerst ja schon wieder deine kleine Schwester!"* · *„Dauernd hängst du vor dem Fernseher!"* · *„Den ganzen Tag läufst du mit dem Schnuller im Mund herum!"* – Sehr gern werden solche Vorhaltungen ergänzt durch abwertende Bemerkungen wie: *„Das ist wirklich nicht nett von dir."* · *„Das finde ich unmöglich."* · *„Du bist wirklich unerträglich."* Zusammenfassend bemerken viele Eltern: *„Du tust immer noch nicht, was ich dir sage"*, oder *„Du hörst mir einfach nicht zu."*

Haben Sie sich wiedererkannt? Haben Sie jemals erlebt, dass Ihr Kind nach solchen Vorhaltungen sein Verhalten spontan geändert hat? Sie sagen Ihrem Kind genau das, was es gerade tut. Allerdings weiß Ihr Kind das in der Regel sehr gut selbst. Die Einsicht, dass sein Verhalten nicht erwünscht ist, nützt nichts. Für Ihr Kind sind diese Vorwürfe nichts als „Meckern". Es zieht daraus den Schluss: *„Die mag mich nicht. Also muss ich um ihre Aufmerksamkeit kämpfen und weitermachen."* Das gilt besonders, wenn Ihre Vorhaltungen zusätzlich noch abwertende Bemerkungen enthalten.

> **Schlussfolgerung:**
> Vorhaltungen bewirken niemals eine Verbesserung des Verhaltens. Sie können sie ersatzlos streichen.

Warum-Fragen

Sie fragen Ihr Kind nach den Gründen für sein unangemessenes Verhalten: *„Warum räumst du nicht dein Zimmer auf?"* · *„Warum musst du immer deine kleine Schwester ärgern?"* · *„Warum hängst du ständig vor dem Fernseher?"* · *„Warum hast du den armen Jungen gebissen?"* – Die Zusammenfassung lautet hier: *„Warum hörst du mir nicht zu?"* oder: *„Warum tust du nicht, was ich dir sage?"* – Wieder werden diese Fragen oft ergänzt durch abwertende Bemerkungen wie: *„Das ist doch wirklich das Allerletzte"* oder *„Du raubst mir noch den letzten Nerv"*.

Haben Sie auf solche Warum-Fragen von Ihrem Kind jemals eine vernünftige Antwort erhalten? Die normalen Antworten lauten *„darum"* oder *„weiß ich nicht"* oder *„weil ich das will"*. Bringt Sie das wirklich weiter? Vielleicht bekommen Sie sogar eine patzige Antwort wie *„blöde Mama"*, oder Ihr Kind ignoriert Ihre Frage einfach. Es ist sehr unwahrscheinlich, dass Ihre Frage ein fruchtbares Gespräch in Gang bringt oder Ihr Kind zum Nachdenken anregt, und das wissen Sie selbst auch. Wir Eltern erwarten gar keine „gute" Antwort. Warum fragen wir trotzdem immer wieder *„Warum…"*?

Nach meiner Überzeugung drückt so eine Warum-Frage zwei Dinge aus: Erstens unseren Ärger und zweitens unsere Hilflosigkeit. Beides ist geeignet, einen Kampf um Aufmerksamkeit in Gang zu halten. Das Kind fühlt sich durch unseren Ärger abgelehnt, und durch unsere Hilflosigkeit bekommt es „Oberwasser". Statt *„Warum tust du das?"* könnten wir ebensogut fragen: *„Was soll ich mit dir nur machen? Ich werde nicht mit dir fertig."* Ist es nicht etwas viel verlangt, wenn ausgerechnet unser Kind diese Frage für uns beantworten soll?

> **Schlussfolgerung:**
> Warum-Fragen sind nicht geeignet, das Verhalten Ihres Kindes zu verbessern. Auch Warum-Fragen können Sie ersatzlos streichen.

Bitten und Betteln

Sie bitten Ihr Kind inständig darum, sein Verhalten zu ändern: *„Bitte sei doch endlich mal so lieb und räum' dein Zimmer auf!"* · *„Bitte sei lieb zu deiner kleinen Schwester"* · *„Würdest du bitte endlich mal den Fernseher ausmachen – mir zuliebe?"* · *„Du bist doch Mamis Schätzchen! Bitte hör doch jetzt mal*

allmählich auf zu weinen!" Manchmal sind Eltern so verzweifelt, dass sie ihr Kind unter Tränen anflehen: *„Bitte tu, was ich dir sage!"*
Gegen eine freundliche Bitte ist überhaupt nichts einzuwenden. Bei einer echten Bitte hat das Kind allerdings die Wahl, darauf einzugehen – oder nicht. Wenn Sie von Ihrem Kind wirklich etwas wollen, ist eine Bitte deshalb weniger geeignet. Ist gerade ein Konflikt da, benimmt sich Ihr Kind gerade völlig inakzeptabel? In so einer Situation kommt es darauf an, dass Ihr Kind Sie ernst nimmt und spürt, dass Sie es ernst meinen. Mit einem unsicheren *„Bitte, bitte"* dagegen machen Sie sich selbst vor Ihrem Kind klein. Sie sind regelrecht auf die Gnade und das Mitgefühl Ihres Kindes angewiesen. Eine Bitte kann Ihr Kind auch so verstehen: *„Na ja, so wichtig scheint es ihr auch wieder nicht zu sein. Wenn ich nicht will, kann ich es auch bleiben lassen".*

Haben Sie Ihr Kind schon einmal unter Tränen angefleht, sich zu bessern?

- Mir selbst ist etwas Ähnliches bei meinem Sohn nach einer längeren schwierigen Phase einmal passiert. Ich habe mich zu ihm auf den Boden gesetzt und weinend gesagt: *„Ich mache mir große Sorgen um dich. In letzter Zeit war es so schwierig, mit dir umzugehen. Ich habe mir wirklich Mühe gegeben, aber langsam weiß ich mir keinen Rat mehr. Ich bitte dich: Zeige wieder deine guten Seiten! Ich weiß genau, dass du sie auch hast!"* – Es hat gewirkt. Das Verhalten meines achtjährigen Sohnes verbesserte sich schlagartig.

Meine Bitte war eingebettet in mehrere Ich-Botschaften, wie sie im 3. Kapitel genauer erläutert wurden. Das hat ihre Wirkung sicherlich unterstützt.
Wenn Sie Ihre Hilflosigkeit und Traurigkeit einmal offen zeigen, kann das Ihr Kind durchaus beeindrucken und eine Veränderung in Gang setzen. Allerdings darf dieses Mittel nur äußerst selten zur Anwendung kommen. Stellen Sie sich einmal vor, Sie würden Ihr Kind jede Woche oder sogar jeden Tag unter Tränen um etwas bitten! Wie sollte Ihr Kind Sie dann noch ernst nehmen? Bestenfalls hätte es Mitleid mit Ihnen. Wie könnte es sich dann aber sicher und geborgen bei Ihnen fühlen?

> **Schlussfolgerung:**
> Wenn Sie Ihr Kind um etwas bitten, müssen Sie ein *„Nein"* akzeptieren können. In dringenden Angelegenheiten sind Bitten weniger geeignet.

Forderungen ohne Folgen

Sie fordern Ihr Kind einmal oder mehrmals auf, etwas zu tun oder zu lassen. Ihr Kind reagiert aber nicht darauf. Und was passiert dann? – Gar nichts mehr! Ihre Forderung landet im luftleeren Raum. Dazu einige Beispiele.

- **Mutter**: *„Nadine, räum dein Zimmer auf! Es sieht ja fürchterlich aus hier drin!"* (Nadine spielt weiter und räumt nicht auf)
  Mutter (kommt nach fünf Minuten wieder ins Zimmer): *„Nadine, du solltest doch dein Zimmer aufräumen!"*
  Nadine: *„Ja, Mami, gleich"*. (Nadine spielt weiter und räumt nicht auf)

- **Vater**: *„Matthias, schalte jetzt den Fernseher aus und mache deine Hausaufgaben!"*
  Matthias: *„Ja, sofort."* (schaut weiter seine Sendung an)
  Vater (10 Minuten später): *„Ich habe dir doch gesagt, du sollst den Fernseher ausmachen! Nie hörst du mir zu!"* (= Vorhaltungen machen)
  Matthias: *„Immer hast du was zu meckern!"* (schaut weiter seine Sendung)

- **Mutter**: *„Beatrice, gib dem kleinen Jungen sofort das Auto zurück! Es gehört dir nicht!"*
  Beatrice brüllt und umklammert das Auto mit allen Kräften
  Mutter: *„Du bist ein kleines Biest!"*
  Beatrice behält das Auto

Kapitel 4: *„Was machen wir bloß falsch?"* Die beliebtesten Eltern-Fehler

Der Ablauf ist immer gleich: Die Eltern geben ihrem Kind eine klare Anweisung. Das Kind befolgt sie nicht. Die Eltern lassen die Sache damit auf sich beruhen. Sie setzen ihre Forderung nicht durch. Was lernt das Kind daraus? *„Was meine Eltern von mir wollen, ist nicht wichtig. Anscheinend ist es ihnen egal, ob ich es mache oder nicht."*

Schlussfolgerung:
Forderungen ohne Folgen sind nicht nur überflüssig, sondern schädlich. Sie bewirken, dass Ihr Kind Sie nicht ernst nimmt und Ihnen nicht zuhört.

„Wenn – dann": Ankündigungen ohne Folgen

Sie kündigen Folgen an für den Fall, dass Ihr Kind nicht hören will: *„Wenn du jetzt nicht sofort aufräumst, darfst du heute Abend nicht fernsehen."* · *„Hör sofort auf, deine Schwester zu ärgern! Sonst bringe ich dich in dein Zimmer!"* · *„Nimm endlich den verdammten Schnuller aus dem Mund, sonst nehme ich ihn dir weg!"* · *„Wenn du nicht sofort deine Hausaufgaben machst, passiert etwas!"*

Das Problem ist: In Wirklichkeit passiert gar nichts! Mit unserem *„Wenn – dann"* wollen wir Eltern unseren Forderungen eigentlich Nachdruck verleihen. Wir hoffen insgeheim, dass die Ankündigung der Folgen schon wirken wird. Wir hoffen, dass es nicht nötig sein wird zu handeln. Leider wirken solche *„leeren Drohungen"* meistens überhaupt nicht. Und nun stehen wir da: Den schreienden Fünfjährigen in sein Zimmer zu bugsieren – das kostet zu viele Nerven. Das quengelnde Kleinkind zu ertragen, obwohl es mit Schnuller sofort still ist – das ist nicht der Mühe wert. Und was soll eigentlich passieren, wenn die Zehnjährige nun immer noch nicht ihre Hausaufgaben macht? Haben wir vorher genau darüber nachgedacht?
Wahrscheinlich haben wir überhaupt nicht gut nachgedacht. Im Grunde wis-

sen wir alle ganz genau, welchen Effekt Ankündigungen ohne echte Folgen haben: Man wird nicht mehr ernst genommen. Wenn wir diese Technik häufiger benutzen, bringen wir unseren Kindern regelrecht bei, uns *nicht* mehr zuzuhören.

Wir handeln dann wie ein Angestellter, der von seinem Chef mehr Geld fordert und hinzufügt: *„Wenn ich nicht mehr Geld bekomme, kündige ich!"* Er hofft, damit seiner Forderung Nachdruck zu verleihen, will aber in Wirklichkeit seinen Arbeitsplatz keinesfalls wechseln. Der Chef aber antwortet einfach: *„Gut, kündigen Sie!"* Nun steht unser Angestellter ganz schön dumm da. Bleibt er in der Firma, hat er seinem Ansehen selbst erheblichen Schaden zugefügt.

Wir Eltern bleiben in der „Firma". Die Familie kann man nicht wechseln wie einen Arbeitsplatz. Obwohl die Nachteile dieser Methode jedem sofort einleuchten, ist sie bei Eltern äußerst beliebt. Wie schnell kommt uns ein *„Wenn – dann"* über die Lippen, bevor wir über den Sinn und Unsinn der angekündigten Folgen nachgedacht haben. Oft ist der Unsinn der angekündigten Folgen schon auf den ersten Blick zu erkennen: *„Wenn ihr jetzt nicht friedlich seid, darfst du nie wieder jemanden zum Spielen einladen!"* · *„Wenn du das nicht aufisst, kriegst du die nächsten drei Tage nichts anderes zu essen!"*

Die meisten Eltern wissen, dass sie mit dieser Art von inkonsequentem Verhalten nichts Gutes erreichen können. Trotzdem fallen sie immer wieder in die Grube, die sie sich selbst gegraben haben. Dazu eine kleine Geschichte:

- **Michael** ist mit vier Jahren in den Kindergarten gekommen. Er ist ein aufgeweckter Junge und recht weit für sein Alter. Zur Überraschung seiner Eltern macht er aber nun schon seit mehreren Wochen „Theater": Er weint und jammert jeden Morgen, dass er nicht in den Kindergarten gehen will. Eines Morgens wird es Michaels Vater zuviel. Ärgerlich sagt er: *„Wenn du so ein Theater machst, können wir dich ja wieder abmelden, bei dem teueren Kindergartenbeitrag!"* Sofort ändert sich Michaels Gesichtsausdruck. Strahlend schaut er seinen Papi an: *„Au ja!"* – So hatte sich Michaels Papa das nicht vorgestellt. Schnell wechselt er das Thema …

Kapitel 4: *„Was machen wir bloß falsch?"* Die beliebtesten Eltern-Fehler

Aus solchen Erfahrungen lernt das Kind: *„Was Mama und Papa so alles sagen, das machen die sowieso nicht."* Die Ermahnungen der Eltern gehen zum einen Ohr hinein und zum anderen wieder heraus. Irgendwann hört es überhaupt nicht mehr zu.

> **Schlussfolgerung:**
> Ankündigungen ohne Folgen sind sehr verbreitet, aber verhängnisvoll. Wenn Sie sich dabei ertappen, können Sie sich vornehmen: *„Beim nächsten Mal beiße ich mir rechtzeitig auf die Zunge!"*

Ignorieren

Sie haben zwei Möglichkeiten: Sie können das unangemessene Verhalten Ihres Kindes ignorieren, oder Sie behandeln Ihr Kind wie Luft. Im zweiten Fall ignorieren Sie Ihr Kind als Person, nicht nur sein Verhalten.

Das Verhalten eines Kindes nicht zu beachten, kann durchaus angebracht sein. Angewohnheiten wie Daumenlutschen oder Stottern, gelegentliches Verwenden von Schimpfwörtern und gelegentliche Trotzanfälle werden in einigen Fällen nur dadurch zum Problem, dass die Eltern überhaupt mit Aufmerksamkeit für das Kind reagieren. Werden diese Verhaltensweisen dagegen gar nicht beachtet, stellt das Kind sie oft von selbst wieder ein. Das Ziel, damit in den Mittelpunkt der Aufmerksamkeit zu gelangen, wurde schließlich nicht erreicht.

Bei besonders unangebrachtem oder besonders häufig gezeigtem Verhalten liegt die Sache anders. Stellen Sie sich vor: Sie füttern Ihr knapp zweijähriges Kleinkind. Zum wiederholten Male spuckt es Ihnen den Spinat ins Gesicht, zuletzt wirft es mit Absicht das ganze Gläschen gegen die Wand. Oder Ihr sechsjähriges Kind tritt Ihnen gegen das Schienbein, sobald ihm etwas nicht passt. Oder Ihr neunjähriger Sohn bedenkt Sie täglich mit Beschimpfungen, von denen *„blöde Kuh"* und *„doofe Ziege"* noch die harmlosesten sind. Was wird Ihr

Kind von Ihnen denken, wenn Sie auf all das einfach nicht reagieren, sondern weiterhin ganz freundlich und „normal" mit ihm umgehen?
Wahrscheinlich wird es denken: *„Der ist anscheinend völlig egal, wie ich mich benehme. Also kann ich tun und lassen, was ich will."* Und es wird die Achtung vor Ihnen verlieren. Wer sich von seinem Kind behandeln lässt wie „der letzte Dreck", erntet nicht Dankbarkeit für seine „Großzügigkeit", sondern Verachtung. Das Kind macht denselben Denkfehler wie viele Erwachsene. Es denkt: *„Wer sich schlecht behandeln lässt, muss doch selbst schlecht sein. Er hat es nicht anders verdient."*
Das Ignorieren von extrem schlechtem Benehmen hat noch eine fatale Kehrseite: Irgendwann platzt jeder Mutter und jedem Vater der Kragen. Das „Ignorieren" schlägt dann urplötzlich um in einen Wutanfall oder eine überstrenge Bestrafung, bei der die Eltern außer Kontrolle geraten.

- Mich erinnert das Thema „Ignorieren" an meine eigene Schulzeit. Wir hatten – wie die meisten von Ihnen wahrscheinlich auch – einen Lehrer, der gleichbleibend nett war. Wir durften bei ihm Kaugummi kauen, Comics lesen, stricken, uns unterhalten, während der Klassenarbeiten die Hefte austauschen – er sagte nie etwas. Er ignorierte unser schlechtes Benehmen. Nach und nach wurden wir immer dreister. Kaum jemand kümmerte sich um seinen Unterricht. Wir nahmen ihn nicht ernst. Ab und zu bekam er aus heiterem Himmel einen Tobsuchtsanfall und schrie uns an. Das machte ihn in unseren Augen nur noch lächerlicher. Als er dann versuchte, sich mit besonders schlechten Noten an uns zu rächen, hatten wir für ihn nur noch Verachtung übrig.

Manche Eltern gehen noch einen Schritt weiter. Sie ignorieren nicht nur das Verhalten ihres Kindes. Sie behandeln ihr Kind wie Luft: Sie tun so, als ob es gar nicht da wäre. Diese Methode wird manchmal auch als „Liebesentzug" bezeichnet. Im Extremfall kann es passieren, dass Eltern mit ihrem Kind tagelang kein Wort reden – in der Hoffnung, es werde dann irgendwann „zur Besinnung kommen".

Kapitel 4: *„Was machen wir bloß falsch?"* Die beliebtesten Eltern-Fehler

Häufiger sind wahrscheinlich solche Szenen:

- Ihr Kind sollte eigentlich schon längst im Bett liegen. Es kommt aber immer wieder zu Ihnen ins Wohnzimmer. Sie entschließen sich, es überhaupt nicht mehr zu beachten, egal, was es tut.
- Oder: Beim Abendessen wollen Sie sich mit Ihrem Partner über etwas Wichtiges unterhalten. Ihr Kind fällt Ihnen immer wieder ins Wort. Sie tun so, als ob es gar nicht mit am Tisch sitzt, und unterhalten sich ruhig weiter.
- Ein letztes Beispiel: Sie hatten mit Ihrem Kind Krach wegen der Hausaufgaben. Als Ihr Kind zum wiederholten Mal mit seinem Heft zu Ihnen kommt und Sie etwas fragen will, nehmen Sie es einfach nicht mehr zur Kenntnis.

Was bewirkt dieses Verhalten bei Ihrem Kind? Hat Sie schon einmal jemand mit Nicht-Beachten bestraft? Was war das für ein Gefühl? Nach meiner Überzeugung liegt im Nicht-Beachten einer Person etwas Feindseliges. Die Botschaft *„Du bist Luft für mich"* ist schlimmer als *„Ich mag dich nicht."* Aus diesem Grund führt dieses Ignorieren fast nie dazu, dass Kinder etwas „einsehen" und sich besser benehmen. Im Gegenteil: Ignorieren der Person ist ein sicheres Mittel, einen Kampf um Aufmerksamkeit anzuzetteln. Das Kind steigert sein unmögliches Benehmen so lange, bis die Eltern reagieren müssen. Wenn das Kind lange provoziert hat, kann die Reaktion der Eltern besonders heftig und feindselig ausfallen.

Schlussfolgerung:
Ignorieren ist oft kein geeignetes Mittel, das Verhalten Ihres Kindes zu verbessern. Es kann einen Kampf um Aufmerksamkeit entfachen und die Beziehung zwischen Eltern und Kind verschlechtern.

Haben Sie sich bei einigen der genannten „Eltern-Fehler" wiedererkannt? Das ist kein Grund, sich Vorwürfe oder ein schlechtes Gewissen zu machen. Wahrscheinlich hatten Sie selbst bei Ihren unklaren, unsicheren Reaktionen ein ungutes Gefühl. Und – trotz aller guten Vorsätze – es wird Ihnen immer wieder passieren. Auch ich ertappe mich im Umgang mit meinen drei Kindern nicht selten bei einem der typischen Fehler. Manchmal schaffe ich es nicht, den Zug rechtzeitig anzuhalten, und mache weiter – obwohl ich weiß, dass es falsch ist. Nehmen Sie sich niemals vor, alles richtig zu machen. Perfektionismus erzeugt zwangsläufig Misserfolge und Schuldgefühle. Schuldgefühle machen ängstlich und unsicher. Das nützt niemandem. Viel sinnvoller ist Ihre Bereitschaft, auf eigene Fehler zu achten, sie zu akzeptieren – und daraus zu lernen.

Kapitel 4: *„Was machen wir bloß falsch?"* Die beliebtesten Eltern-Fehler

Verhängnisvoll: Wenn Eltern feindselig reagieren

Feindselige Reaktionen enthalten eine ganz klare Botschaft an unser Kind. Sie lautet: *„Ich mag dich nicht!"* Wir wollen diese Botschaft eigentlich gar nicht abschicken. Wir tun es nicht bewusst mit voller Absicht, sondern es passiert uns einfach. Meist haben wir uns vorher so aufgeregt, dass wir die Kontrolle über unser Verhalten verloren haben. Meist tut es uns hinterher leid. Im Grunde wissen wir ganz genau: Mit Vorwürfen, Drohungen, strengen Strafen und körperlicher Gewalt können wir unsere Kinder nicht positiv beeinflussen. Wir geben damit ein schlechtes Beispiel ab. Wir tragen dazu bei, dass die Beziehung zu unserem Kind belastet wird.

Vorwürfe und Beschimpfungen

Sie werfen Ihrem Kind schlechte Eigenschaften vor: *„Du bist ja so ungeschickt! Alles machst du kaputt!"* · *„Du bist dümmer, als die Polizei erlaubt!"* · *„Du bist ein gemeiner Lügner!"*. Oder Sie verallgemeinern noch mehr: *„Du bist einfach unerträglich!"* · *„Ich halte es mit dir nicht mehr aus!"* · *„Du machst mich krank!"* · *„Wegen dir kriege ich noch einen Herzinfarkt!"*
Mit solchen Vorwürfen üben Sie nicht etwa berechtigte Kritik am *Verhalten* Ihres Kindes. Vielmehr zeigen Sie ihm, dass Sie es als *Person* ablehnen und verachten. Was löst das bei Ihrem Kind aus? Sicherlich nicht den Vorsatz, sein Verhalten zu bessern. Stattdessen wird es seine Bemühungen im Kampf um Aufmerksamkeit verstärken. Zusätzlich können negative Gefühle entstehen: Schuldgefühle und der Wunsch nach Rache. Auf das Selbstvertrauen Ihres Kindes wirken solche Beschimpfungen wie ein Vorschlaghammer. Sie zerstören schnell und gründlich.
Gesteigert wird die Wirkung noch, wenn Sie Ihr Kind anschreien. Meine Überzeugung ist: Unser Brüllen kann das Verhalten unserer Kinder nicht verbessern. Einige werden dadurch vielleicht eingeschüchtert oder verängstigt. Für

andere ist es Wasser auf die Mühlen des alltäglichen Machtkampfes: *„Ich kleiner Mensch habe es geschafft, meinen großen, starken Papa zum Toben zu bringen. Außer mir schafft das keiner! Er hat total die Kontrolle verloren! Was muss ich für ein toller Kerl sein, wenn ich das hinkriege!".* Andere werden davon „taub": Sie schützen sich davor, indem sie abschalten und nicht zuhören.

Im Grunde wissen wir selbst recht gut, warum wir unsere Kinder anschreien: Wir lassen damit unseren eigenen Ärger und unsere Wut – worüber auch immer – heraus. Wir reagieren uns ab – auf Kosten unserer Kinder.

> **Schlussfolgerung:**
> Vorwürfe und Beschimpfungen nützen niemandem. Sie lösen negative Gefühle aus und zerstören das Selbstvertrauen des Kindes. Das gilt um so mehr, wenn das Kind dabei angeschrien wird.

Drohungen und Strafen

Sie kündigen sehr schlimme Folgen an für den Fall, dass Ihr Kind nicht hören will: *„Wenn du jetzt nicht aufräumst, darfst du die ganze Woche dein Zimmer nicht verlassen!"* · *„Wenn du noch einmal deine Schwester ärgerst, kriegst du eine Tracht Prügel!"* · *„Wenn du dich nicht endlich besserst, kommst du ins Internat!"* – Oder Sie kündigen schlimme, aber unrealistische Folgen an: *„Wenn du nicht endlich mit dem Unsinn aufhörst, fährst du nie wieder mit uns in den Urlaub!"* · *„Wenn du dich weiter mit deinem Freund streitest, darfst du nie wieder jemanden zum Spielen einladen!"*

Wenn die Drohungen nicht ernst gemeint, sondern unbedacht dahergesagt sind, wirken sie wie alle Ankündigungen ohne Folgen: Ihr Kind hört Ihnen nicht mehr zu. Allerdings bemerkt es genau den feindseligen Unterton. Es fühlt sich abgelehnt. Negative Gefühle entstehen.

Ist es angebracht, die angekündigten schlimmen Folgen wirklich in die Tat umzusetzen? Natürlich nicht. Auch strenge Strafen sind feindselige Reaktionen.

Sie können Ihr Kind einschüchtern und demütigen, sie können Angst und den Wunsch nach Rache auslösen. Sie zielen darauf, ein Kind „klein" zu kriegen, damit wir Erwachsenen in seinen Augen um so größer und mächtiger wirken. Haben wir das nötig? Sind Strafen nicht auch Ausdruck unserer Hilflosigkeit, wenn uns einfach nichts Wirksames mehr einfällt? Beschleicht uns nicht selbst oft ein ungutes Gefühl, wenn wir unsere Kinder bestrafen?

Strenge Strafen können auf zwei Arten wirken. Möglicherweise ist Ihr Kind beeindruckt. Es möchte weitere Strafen vermeiden und ändert sein Verhalten. Warum tut es das? Aus Angst, nicht aus Einsicht.

Die zweite Möglichkeit: Ihr Kind lässt sich nicht so leicht „klein" kriegen. Es durchschaut das Spiel, erkennt Ihre Hilflosigkeit und fühlt sich eher überlegen. Es nimmt Ihre Strafen scheinbar gleichgültig hin, nutzt aber jede Gelegenheit, seine Überlegenheit im Machtkampf mit Ihnen zu beweisen. Es sinnt auf Rache.

Schlussfolgerung:
Drohungen und strenge Strafen lösen bei Ihrem Kind Angst und den Wunsch nach Rache aus. Die Beziehung zwischen Eltern und Kind wird belastet.

Körperliche Gewalt

Ist Ihnen auch schon einmal „die Hand ausgerutscht?" Haben Sie schon einmal den Abdruck Ihrer eigenen Hand auf der Wange oder auf dem Körper Ihres Kindes gesehen? Haben Sie Ihr Kind schon einmal gepackt und geschüttelt? Haben Sie Ihr Kind schon einmal regelrecht verprügelt? Wie haben Sie sich hinterher gefühlt?

Man bekommt immer noch Sprüche zu hören wie: *„Eine Tracht Prügel hat noch keinem geschadet!"* · *„Ich bin auch mit Schlägen aufgewachsen, und aus mir ist trotzdem was geworden!"* · *„Wer nicht hören will, muss fühlen!"* Ich glaube und hoffe, dass fast alle Leserinnen und Leser dieses Buches die Prügelstrafe als bewusst eingesetztes Erziehungsmittel ablehnen. Das schließt aber nicht aus, dass viele schon einmal oder mehrmals die Kontrolle über ihr Verhalten verloren und zu ihrem eigenen Entsetzen zugeschlagen haben. Fast jeder von uns hat seinem Kind schon einmal – absichtlich oder unabsichtlich – weh getan.

Es ist sehr leicht, sich auszumalen, wie körperliche Gewalt auf Ihr Kind wirkt. Stellen Sie sich vor, Sie selbst würden von einem von Ihnen geliebten Menschen, der Ihnen körperlich überlegen ist, geschlagen. Wie würden Sie sich dabei fühlen? Ganz ähnlich fühlt sich auch Ihr Kind: zutiefst verletzt und gedemütigt. Wie bei anderen strengen Strafen reagiert es darauf entweder ängstlich und eingeschüchtert, oder es stumpft gegen die Schläge ab. Kinder, die häufig geprügelt werden, scheinen auf die Dauer schmerzunempfindlich zu werden. Auch geprügelte Kinder sinnen – ähnlich wie nach anderem feindseligen Verhalten ihrer Eltern – häufig auf Rache. Nicht zu vergessen ist der Nachahmungseffekt: Die Kinder geben das weiter, was sie von uns gelernt haben.

Jeder Schlag, der Ihr Kind trifft, trifft auch Ihre Beziehung. Das Vertrauen, die Sicherheit, geliebt zu werden, die Geborgenheit – wie soll das bestehen gegenüber einem Erwachsenen, der bedrohlich seine Hand erhebt und dem Kind absichtlich Schmerzen zufügt? – Und wenn es nun einmal passiert ist? Wenn Ihnen die Hand tatsächlich einmal „ausgerutscht" ist? Ich bitte meine Kinder um Verzeihung. Manchmal sofort, manchmal auch etwas später. Ich gebe zu: *„Ich war so aufgeregt, dass ich etwas Falsches gemacht habe."* Ich verspreche, mein Bestes zu tun, damit es mir nicht noch einmal passiert. Ich muss meinen Kindern dann allerdings zugestehen, dass sie nicht sofort vergeben und vergessen können, sondern mir noch eine Weile böse sind. Wenn mir eine der anderen feindseligen Reaktionen „passiert" ist, handle ich genauso. Allzu oft dürfen solche Ausrutscher allerdings nicht passieren, sonst ist die Bitte um Verzeihung nicht mehr glaubwürdig.

Bekommt Ihr Kind gelegentlich „eins auf die Finger" oder den verbreiteten „Klaps auf den Po"? Diese „Erziehungsmaßnahmen" sind immer noch sehr beliebt. Ich halte sie für ungeeignet und bedenklich. Der Übergang vom „Klaps" zum „Schlag" ist fließend.

Kapitel 4: *„Was machen wir bloß falsch?"* Die beliebtesten Eltern-Fehler

Schlussfolgerung:
Körperliche Gewalt wirkt verheerend und ist als Erziehungsmittel völlig ungeeignet.

Alle feindseligen Reaktionen – Drohungen und Beschimpfungen, schwere Strafen und körperliche Gewalt – haben etwas gemeinsam: Sie sind Ausdruck unserer Hilflosigkeit. Sie sind unsere „Rache" am eigenen Kind dafür, dass all unsere Bemühungen bisher vergeblich waren. Und sie dienen dazu, unseren eigenen Ärger und die eigene Wut abzureagieren: Wir „lassen Dampf ab". Ich selbst bin auch Mutter von drei Kindern und schließe mich ausdrücklich mit ein.

Alle Eltern machen schwere Fehler. Alle Eltern haben schließlich menschliche Schwächen. Den meisten Eltern machen ihre feindseligen Reaktionen ein schlechtes Gewissen. Das hilft leider überhaupt nicht weiter. Nur eines hilft weiter: wirksame Erziehungsmethoden, die uns davor schützen, die Kontrolle zu verlieren.

Kapitel 4: Das Wichtigste in Kürze:

- **Eltern zeigen oft unklare, unsichere Reaktionen**
  Verzichten Sie in Zukunft auf
    - Vorhaltungen
    - Warum-Fragen
    - Bitten und Betteln
    - Forderungen ohne Folgen
    - Wenn-dann-Ankündigungen ohne Folgen
    - Ignorieren

  All diese Reaktionen sind nicht geeignet, Ihrem Kind Regeln zu vermitteln. Eher bewirken sie, dass Ihr Kind Ihnen nicht zuhört und Sie nicht ernst nimmt. Der Kampf um Aufmerksamkeit wird dadurch erst recht angefacht.

- **Feindselige Reaktionen belasten die Beziehung zwischen Eltern und Kind**
  Verzichten Sie in Zukunft auf
    - Vorwürfe und Beschimpfungen
    - Drohungen und strenge Strafen
    - körperliche Gewalt

  Ihr Kind lernt diese Reaktionen von Ihnen – und ahmt sie nach. Gleichzeitig können solche feindseligen Reaktionen das Selbstvertrauen Ihres Kindes zerstören und in ihm Angst und den Wunsch nach Rache auslösen.

5

Wie Kinder Regeln lernen können: Ein Plan zum Grenzen-Setzen für Eltern

In diesem Kapitel erfahren Sie, …

- wie und weshalb Sie bei Ihrem Kind immer auf das Gute achten sollten
- wie Sie Ihre Familienregeln festlegen können
- wie Sie mit Ihrem Kind Klartext reden können
- welche Taten Sie am besten auf Ihre Worte folgen lassen
- wie Sie mit Ihrem Kind einen Vertrag schließen können

Im vorigen Kapitel haben wir ausführlich besprochen, was Eltern alles nicht tun sollten. Sicherlich haben Sie sich schon mehrfach gefragt: *„Was soll ich denn stattdessen tun? Irgendwie muss ich doch handeln!"*
In den letzten Jahren sind in den USA und in Australien verschiedene Elterntraining-Konzepte entwickelt worden[6,7,8]. Daraus wurde in den folgenden **Plan zum Grenzen-Setzen** das übernommen, was besonders gut wirkt und einfach umgesetzt werden kann. Es ist ein Stufenplan: Sie gehen Schritt für Schritt vor. Bringt der erste Schritt keinen Erfolg, gehen Sie zum nächsten über.

- **Voraussetzung 1:**
  Auf das Gute achten

- **Voraussetzung 2:**
  Familien-Regeln festlegen

- **Erster Schritt:**
  Klartext reden

- **Zweiter Schritt:**
  Auf Worte Taten folgen lassen

- **Dritter Schritt:**
  Einen Vertrag schließen

Kapitel 5: Wie Kinder Regeln lernen können: Ein Plan zum Grenzen-Setzen für Eltern

Voraussetzung 1: Auf das Gute achten

Zunächst möchte ich Sie noch einmal an die Hinweise aus dem 2. Kapitel erinnern: Zuhören, Ich-Botschaften, mehr Verantwortung für das Kind, Zeit für Zuwendung. Sie werden damit Erfolg haben. Konflikte werden seltener entstehen. Ihr Kind wird von sich aus häufiger mit Ihnen zusammenarbeiten und Sie seltener „bekämpfen." Trotzdem wird es immer wieder Situationen geben, in denen all das nicht wirkt: Wenn Sie auf die Gefühle Ihres Kindes eingehen (Zuhören), Ihre eigenen Bedürfnisse vortragen (Ich-Botschaften), gute Argumente liefern – und Ihr Kind immer noch macht, was es will. Wenn es täglich Machtkämpfe und Diskussionen, aber keine Veränderung gibt, brauchen Eltern ein Handwerkszeug zum Grenzen-Setzen.

Voraussetzung für ein wirksames Grenzen-Setzen ist aber, dass Ihr Kind sich von Ihnen angenommen und geliebt fühlt. Unbequeme Forderungen und notwendige Einschränkungen für Ihr Kind wiegen schwer. Oft fühlt sich ein Kind auch noch zusätzlich kritisiert. Ihre liebevolle Zuwendung ist als Gegengewicht notwendig für eine harmonische, partnerschaftliche Beziehung. Während Ihr Kind Regeln und Grenzen lernt, ist deshalb eines unumgänglich: Achten Sie auf das Gute! Nichts davon darf Ihnen entgehen!

Schenken Sie Ihre Aufmerksamkeit auch und gerade dem positiven Verhalten Ihres Kindes.

Woher soll Ihr Kind wissen, dass Sie es gut mit ihm meinen? Dass Sie es mögen, so wie es ist? Dass Sie es lieb haben? Dass Sie ihm Vertrauen schenken? Dass Sie es brauchen? Für Ihr Kind sind diese „Selbstverständlichkeiten" lebensnotwendig. Aber sind Sie sicher, dass Sie Ihrem Kind all das deutlich genug zeigen? Ihr Kind braucht Ihre Rückmeldung – nicht nur ab und zu, sondern *ständig*. Sie haben vielfältige Möglichkeiten, Ihrem Kind positive Zuwendung zu geben.

Annehmen

Nehmen Sie Ihr Kind so an, wie es ist.

Sie selbst dürfen Fehler machen. Ihr Kind darf es auch. Wenn es sich unangemessen verhalten hat, können Sie sein Verhalten ablehnen und Konsequenzen setzen. Aber achten Sie darauf, dass Ihr Kind sich als Person trotzdem von Ihnen angenommen fühlt.

Einige Beispiele:

- **Carlo** (fünf Jahre alt) hat zehn Minuten lang einträchtig mit seiner Schwester gespielt. Plötzlich reißt er ihr ein Auto aus der Hand und schubst sie heftig zu Boden.

Verurteilen	**Annehmen**
Die Mutter fasst Carlo an der Schulter und schimpft: *„Du bist ein böser Junge! Jetzt hast du wieder deine Schwester umgeschubst! Auf dich kann ich mich überhaupt nicht verlassen!"*	Die Mutter nimmt Carlo das Auto weg. Sie sagt: *„Das war nicht in Ordnung. Das weißt du. Gerade hast du so schön friedlich mit deiner Schwester gespielt. Wir versuchen es noch mal."*

Kapitel 5: Wie Kinder Regeln lernen können: Ein Plan zum Grenzen-Setzen für Eltern

- **Luisa** (acht Jahre alt) ist im Supermarkt beim Ladendiebstahl erwischt worden. Sie wollte ein Spielzeug „mitgehen" lassen. Zu Hause ist sie sehr schuldbewusst, weint und klagt sich selbst an.

Verurteilen	Annehmen
Der Vater kommt nach Hause. Er sagt: *„Das hätte ich ja nie gedacht, dass meine Tochter eine Diebin ist! Wer weiß, zu welchen schlimmen Sachen du noch fähig bist!"*	Der Vater sagt: *„Dass du gestohlen hast, kann ich nicht verstehen und nicht akzeptieren. Wir müssen gemeinsam überlegen, welche Konsequenz du dafür bekommst. Aber du bist trotzdem kein schlechter Mensch. Ich traue dir zu, dass du aus diesem Fehler lernen kannst."*

- **Benno** (sieben Jahre alt) hat im Diktat zehn Fehler. Er hatte sich zu Hause geweigert zu üben.

Verurteilen	Annehmen
Die Mutter sagt: *„Das hast du nun davon. Wer so faul ist wie du, braucht sich nicht zu wundern."*	Die Mutter sagt: *„Das tut mir leid, dass du so viele Fehler gemacht hast. Ich glaube, du kannst es besser. Beim nächsten Mal können wir rechtzeitig anfangen zu üben."*

Mut machen

**Ermutigen Sie Ihr Kind.
Zeigen Sie ihm, dass Sie seinen Fähigkeiten vertrauen.**

Besonders bei jüngeren Kindern vergeht kein Tag ohne Abenteuer. Pausenlos wird etwas Neues entdeckt und ausprobiert. Für Eltern ist das eine wunderbare Gelegenheit, dem Kind zu zeigen: *„Ich traue dir zu, dass du es schaffst. Ich freue mich mit dir!"* Leider lassen wir viele solche Gelegenheiten aus. Oft entmutigen wir unser Kind sogar, statt ihm Mut zu machen. Einige ganz alltägliche Beispiele sollen das verdeutlichen.

- **Lars** (knapp zwei Jahre alt) sitzt auf dem Teppich und versucht ganz konzentriert, seine Hausschuhe anzuziehen. Schließlich hat er es geschafft. Allerdings hat er den linken und den rechten vertauscht. Er hat „Entenfüße". Stolz watschelt er zu seiner Mama.
  Was kann die Mutter aus dieser Situation machen? Sie hat zwei Möglichkeiten:

Entmutigen	**Mut machen**
Die Mutter zieht ihm die Hausschuhe sofort aus. *Sie sagt: „Das ist falsch herum, mein Schatz."*	Die Mutter lässt die Hausschuhe, wie sie sind. Sie sagt: *„Du hast dir ganz allein die Hausschuhe angezogen! Da freue ich mich aber! Dass du das schon kannst!"*
Sie lacht: *„Was hast du denn gemacht? Entenfüße! Das ist doch ganz falsch!"*	Sie lacht: *„Du hast ganz allein Entenfüße gemacht! Das finde ich super. Komm, wir tanzen den Ententanz!"*

Kapitel 5: Wie Kinder Regeln lernen können: Ein Plan zum Grenzen-Setzen für Eltern

- **Christine** (drei Jahre alt) ist mit ihrer Mutter auf dem Spielplatz. Zum ersten Mal traut sie sich auf ein hohes Klettergerüst.

Entmutigen	**Mut machen**
Die Mutter nimmt sie herunter. Sie sagt: *„Das kannst du noch nicht. Das ist zu gefährlich. Dazu bist du noch zu klein."*	Die Mutter geht zum Klettergerüst und stellt sich so, dass sie sie auffangen kann. Sie sagt nichts. Wenn Christine oben angekommen ist, ruft die Mutter. *„Toll, du hast es bis oben geschafft! Jetzt kannst du auch ganz allein wieder herunter kommen. Ich glaube, das schaffst du auch!"*

- **Christian** (fünf Jahre alt) hat sich den Besen aus der Kammer geholt und fegt unbeholfen die Krümel auf dem Boden hin und her.

Entmutigen	**Mut machen**
Die Mutter nimmt ihm den Besen aus der Hand und sagt: *„So fasst man doch keinen Besen an! Wie ungeschickt das aussieht! Außerdem verteilst du mir die Krümel in der ganzen Küche!"*	Die Mutter streichelt ihm über den Kopf. Sie schaut ihn an und sagt: *„Da freue ich mich aber, dass du mir bei der Arbeit hilfst. Was sollte ich nur ohne dich anfangen!"*

- **Andrea** (sechs Jahre alt) ist noch nicht lange in der Schule. Mit viel Mühe hat sie einen Zettel geschrieben, den sie stolz ihrem Vater präsentiert: „PApA DU bIsD Lip".

Entmutigen	**Mut machen**
Der Vater sagt: *„Oh, du hast mir einen Brief geschrieben! Aber schau mal, da sind ganz viele Fehler drin!"* Er nimmt einen Stift und verbessert die Fehler.	Der Vater liest den Brief, schaut seine Tochter gerührt an und sagt: *„Jetzt hast du mir zum ersten Mal einen richtigen Brief geschrieben. Darüber freue ich mich riesig! Den werde ich für immer aufheben!"* Er gibt Andrea einen Kuss und sagt: *„Ich habe dich auch lieb!"*

Unzählige Beispiele ließen sich noch hinzufügen. Alle Entmutigungen haben eines gemeinsam: Die Eltern betonen die Fehler des Kindes. Die Leistung und der gute Wille finden keine Beachtung. Beim Mut-Machen dagegen gilt:

- Nicht die Fehler, sondern die Fortschritte und der gute Wille werden hervorgehoben. Die Eltern zeigen ihre positiven Gefühle und ihre Freude. Dadurch entsteht Nähe. Das Kind fühlt sich angenommen. Sein Vertrauen in die eigenen Fähigkeiten wächst.

Kapitel 5: Wie Kinder Regeln lernen können:
Ein Plan zum Grenzen-Setzen für Eltern

Das Gute beim Namen nennen

Sprechen Sie aus, was Sie an Ihrem Kind gut finden.

„Prima, das hast du gut gemacht!" · *„Dein Bild ist ganz toll geworden!"* · *„So ein schweres Diktat – und fast alles richtig! Du kannst stolz auf dich sein!"* · *„So einen großen Turm hast du gebaut! Super!"* · *„Eine ganze Stunde lang hast du jetzt mit deinen Bauklötzen gespielt. Ich freue mich, dass du dich so schön allein beschäftigen kannst!"* · *„Einfach traumhaft, wie du Schlittschuhlaufen kannst! So gut werde ich das nie schaffen!"* · *„Das ist ja eine Überraschung: Du hast dich ganz allein angezogen!"* · *„Du hast ja schon den Tisch gedeckt! Das finde ich wunderbar, wenn du uns so verwöhnst."*
Jedes Kind braucht solche Rückmeldungen fast so nötig wie die Luft zum Atmen. Es muss solche Sätze oft hören, damit es sich selbst gut finden kann. Ihre Eltern-Worte klingen nach und werden für Ihr Kind zu einer Art „innerer Stimme". Was Sie ihm als Kind an Lob und Bestätigung mit auf den Weg gegeben haben, kann ihm später keiner mehr nehmen. Sie können damit den Grundstein für ein gesundes Selbstvertrauen legen. Das ist sehr wichtig, denn Sie wissen aus eigener Erfahrung: Wir Erwachsenen müssen weitgehend ohne Lob und Bestätigung von anderen auskommen.

Allerdings will auch Loben gelernt sein. Ihre Worte sind besonders wirkungsvoll, wenn Sie die folgenden Hinweise beachten:

Sagen Sie Ihrem Kind ganz genau, was Sie mögen.

„Du hast ganz toll dein Zimmer aufgeräumt! Sogar den Schreibtisch und das Bücherregal!" · *„Dein Bild gefällt mir wirklich gut. Wie schön du die Farben ausgewählt hast! Besonders gut finde ich den Himmel."* · *„Du hast ja schon den Tisch gedeckt! Richtig gemütlich mit Servietten und Kerze. Das sieht sehr einladend aus."*

Je genauer Sie Ihrem Kind sagen, *was* Sie an ihm mögen, desto besser. Ihr Kind spürt, dass Sie wirklich genau auf sein positives Verhalten achten. Ihre Anerkennung ist dann wesentlich glaubwürdiger, als wenn Sie immer nur sagen: *„Das ist schön!"* oder *„Das hast du gut gemacht!"*. Sie kommen nicht in die Gefahr, achtlos und aus Routine zu loben, weil „man es eben so macht". Sie schauen genau hin, bevor Sie etwas sagen. Auf diese Weise können Sie auch eine positive Kleinigkeit aus einem nicht ganz so erfreulichen Zusammenhang herauspicken:

„Diese Reihe ist aber wirklich ganz besonders ordentlich geworden!". Das können Sie sagen, wenn Ihr Schulkind eine Seite in seinem Heft geschrieben hat und davon genau eine Reihe gut geraten ist. Wenn Ihr Kind Ihnen anscheinend wenige Anlässe zum Loben und Bestätigen gibt, ist es umso wichtiger: Picken Sie positive Kleinigkeiten heraus, und melden Sie Ihrem Kind zurück: *„Genau das mag ich!"* Bedenken Sie: Was für andere Kinder eine Kleinigkeit ist, kann für Ihr Kind ein Riesenfortschritt oder eine tolle Leistung sein. Auf das Gesamtergebnis kommt es nicht so sehr an. Jede kleine Verbesserung, jeden Schritt in die richtige Richtung sollten Sie bemerken und betonen. Das klappt am besten, wenn Sie sich auf *Ihr* Kind in *seiner* Entwicklung konzentrieren und es nicht ständig mit anderen – vor allem nicht mit den Geschwistern! – vergleichen.

Lassen Sie das Gute stehen.

Wie oft kommt es vor, dass wir unsere Kinder loben und ermutigen, aber mit einem kleinen Nachsatz alles wieder zunichte machen. Mit der einen Hand bauen wir unser Kind auf und machen ihm Mut, in der anderen Hand halten wir schon den Holzhammer und schlagen auf das ein, was wir gerade aufgebaut haben:

„Diese Reihe hast du aber wirklich schön geschrieben. **Aber der Rest ist ja ein fürchterliches Geschmiere!"** · *„Du hast aber schön aufgeräumt.* **Sonst sieht es hier immer aus wie im Schweinestall!"** · *„Ihr beiden habt euch tatsächlich jetzt fünf Minuten lang vertragen.* **Das streiche ich mir im Kalender an! Nor-**

malerweise prügelt ihr euch spätestens nach zwei Minuten!" · *"Heute hast du deine Hausaufgaben ganz zügig und konzentriert gemacht.* **Warum kann das nicht immer so sein?"** · *"Beim Fußballspielen bist du ja ein echtes As.* ***Wenn es doch in der Schule nur halb so gut laufen würde!"*** · *"Heute bist du tatsächlich pünktlich nach Hause gekommen.* ***Tausendmal musste ich es dir sagen, bis es endlich mal geklappt hat!"***

Sehr leicht kommen uns solche Nachsätze von den Lippen, und das ist schade. Machen Sie nach einem Lob einen Punkt und beißen Sie sich notfalls auf die Zunge – aber lassen Sie das Gute stehen!

Zeigen Sie Ihrem Kind Ihr gutes Gefühl.

Unter einem Lob verstehen wir meistens Sätze, in denen das Wort „du" vorkommt: *„**Du** bist mutig!"*. *„Das hast **du** gut gemacht!"*. *„**Du** hast schön aufgeräumt."* Noch wesentlich wirkungsvoller ist unser Lob, wenn wir eine Ich-Botschaft damit verbinden: *„**Ich** bin sehr beeindruckt."*. *„**Ich** bin stolz auf dich!"*. *„**Ich** freue mich!"* Ein „normales" Lob zeigt Ihrem Kind: *„Meine Eltern sehen, was ich gut mache."* Ein Lob mit einer Ich-Botschaft zeigt Ihrem Kind: *„Was ich tue, ist für meine Eltern anscheinend sehr wichtig. Ich kann in ihnen gute Gefühle wecken. Wir gehören wirklich zusammen."* So ein Lob schafft Nähe.

Sie können Ihre Gefühle auch völlig ohne Worte zum Ausdruck bringen. Ihr Baby sieht den Glanz in Ihren Augen, wenn Sie in manchen Momenten ganz stark Ihre Liebe und Verbundenheit empfinden. Eine spontane Umarmung, ein zärtlicher Blick, ein Lächeln, ein liebevolles Streicheln – all dies trifft Ihr Kind direkt ins Herz und wirkt auf Sie zurück: Ihr Baby lächelt Sie an, Ihr Kleinkind krabbelt auf Ihren Schoß und legt die Ärmchen um Ihren Hals, Ihr Kindergartenkind schenkt Ihnen einen stürmischen Kuss. Unsere Kinder haben die Fähigkeit, auf vielfache Weise gute Gefühle in uns auszulösen. Ein positiver Kreislauf kommt in Gang, wenn wir unseren Blick dafür offen halten und ihnen unsere guten Gefühle auch zeigen.

Zusammenfassung:
Nur, wenn Sie gleichzeitig auf das Gute achten, können Sie Ihrem Kind Regeln und Grenzen vermitteln. Ihre Ermutigung, Ihr Lob, Ihre liebevollen Gesten stärken Ihr Kind und bilden ein notwendiges Gegengewicht zu allen unbequemen Forderungen und notwendigen Einschränkungen, die Sie Ihrem Kind zumuten.

Kapitel 5: Wie Kinder Regeln lernen können:
Ein Plan zum Grenzen-Setzen für Eltern

Voraussetzung 2: Familien-Regeln festlegen

Haben Sie sich schon Gedanken darüber gemacht, welche Regeln Sie für Ihre Familie und Ihr Kind besonders wichtig finden? Nur wenn Sie selbst wissen, was Sie erreichen wollen, können Sie sinnvolle Grenzen setzen. Stellen Sie klare und für Ihr Kind verständliche Familien-Regeln auf. Dann weiß Ihr Kind schon vorher, was Sie von ihm erwarten. Es merkt selbst, wenn es gegen eine Regel verstoßen hat. Und Sie können auf willkürliche „Befehle" oder Verbote verzichten. Grenzen setzen bedeutet für Sie vor allem: auf Einhaltung der Regeln bestehen.

Im zweiten Kapitel haben Sie schon einiges über die Auswahl von Regeln erfahren. Es folgen einige Beispiele, wie Familien-Regeln formuliert werden *können*. Aber bedenken Sie: Familien-Regeln sind nichts Starres. Sie können in jeder Familie etwas anders aussehen und sich je nach Alter des Kindes ändern. Es ist *Ihre* Entscheidung, welche Familienregeln Sie für sich festlegen. Achten Sie dabei immer auf die Bedürfnisse Ihres Kindes, aber auch auf Ihre eigenen.

Schlafen

- *„Nach der Gutenacht-Geschichte gehen Mama oder Papa aus dem Zimmer. Danach bleibst du in deinem Zimmer und verhältst dich ruhig."*

Essen

- *„Ich bestimme, was wann auf den Tisch kommt. Du darfst bestimmen, ob und wie viel du davon essen möchtest."*
- *„Während des Essens bleiben wir am Tisch sitzen. Spielsachen kommen nicht auf den Esstisch."*

Aufräumen

- *„Erst räumst du das alte Spiel weg. Dann darfst du ein neues holen."*

Umgang mit anderen

- *„Wir gehen friedlich miteinander um. Hauen, Spielsachen wegreißen oder mit Gegenständen werfen wird nicht geduldet. Wenn uns etwas stört, können wir es sagen."*
- *„Wir reden freundlich miteinander – ohne Schimpfwörter und Geschrei."*

Fernsehen

- *„Ich entscheide, wie lange du fernsehen darfst. Wir entscheiden zusammen, was du gucken darfst. Du darfst nur mit meiner Erlaubnis gucken."*

Sicherheit

- *„Wenn wir in der Nähe einer Straße sind, musst du in meiner Nähe bleiben."*
- *„Nach der Schule kommst du sofort nach Hause. Wenn du unsere Wohnsiedlung verlässt, sagst du mir vorher Bescheid. Ich muss immer wissen, wo du dich aufhältst."*

Diese Beispiele sollen Ihnen Anregungen geben, eigene Familien-Regeln aufzustellen – oder Ihre bestehenden einmal zu überdenken. Nennen Sie Ihre Familien-Regeln beim Namen. Erinnern Sie Ihr Kind daran, wenn es anfängt, gegen eine Familien-Regel zu verstoßen. Fragen Sie Ihr Kind danach, und lassen Sie sich die Regeln ab und zu wiederholen. Damit können Sie manchmal Konflikten und Auseinandersetzungen vorbeugen.

Kapitel 5: Wie Kinder Regeln lernen können:
Ein Plan zum Grenzen-Setzen für Eltern

Erster Schritt: Klartext reden

An welche Regeln hält sich Ihr Kind schon? In welchem Bereich gibt es immer wieder Probleme? Welches Verhalten, welcher Regelverstoß stört Sie am meisten? Kommt es mehrmals am Tag vor? Belastet es den ganzen Tagesablauf? Entstehen daraus immer neue Konflikte? Welche Regel soll Ihr Kind zuerst lernen? Es ist sinnvoll, sich zunächst auf *ein* Verhalten zu konzentrieren und den Plan zum Grenzen-Setzen in allen Schritten zu durchlaufen. Dann können Sie Ihren Erfolg besser kontrollieren.

Nicht immer reden wir mit unseren Kindern „Klartext". Manchmal machen wir Spaß. Manchmal ist es uns auch nicht so wichtig, ob unsere Kinder das tun, was wir sagen. Unsere Kinder sollten aber erkennen können, wann wir es wirklich ernst meinen. Dafür brauchen sie von uns eindeutige Signale.

Klare Anweisungen geben

Sagen Sie Ihrem Kind ganz genau, was es Ihrer Meinung nach tun soll. Drücken Sie sich dabei klar, knapp und verständlich aus.

Eine Gegenüberstellung von unklaren, indirekten und klaren, eindeutigen Aufforderungen soll es verdeutlichen:

Unklare Aufforderung	**Eindeutige Aufforderung**
„Schrecklich, schon wieder läuft der Fernseher! Du kriegst noch Kopfschmerzen davon!"	*„Ich möchte, dass du den Fernseher ausschaltest!"*
„Du bist ja immer noch nicht angezogen!"	*„Lukas, zieh jetzt deine Strümpfe an!"*
„Wie sieht es denn in deinem Zimmer aus!"	*„Du räumst erst die Legostein in die Kiste!"*
„Wie oft habe ich dir gesagt, dass du deine Schwester in Ruhe lassen sollst!"	*„Lass sofort deine Schwester los!"*

Erinnern Sie die unklaren, indirekten Aufforderungen an einen der im letzten Kapitel erwähnten beliebten Eltern-Fehler, nämlich an das „Vorhaltungen-Machen"? Es ist besser, dem Kind genau zu sagen, was es tun soll, statt ihm vorzuhalten, was es mal wieder falsch macht.

Zu ungenau sind auch Aufforderungen wie *„Sei lieb!"*, *„Benimm dich!"*, *„Sei ordentlich!"*. Sogar *„Räum' dein Zimmer auf"* oder *„Zieh dich an"* kann zu ungenau sein: Je kleiner Ihr Kind ist, desto klarer und überschaubarer muss die Aufforderung sein.

Wichtig ist, eine Aufforderung immer positiv statt negativ auszudrücken. Das zeigt die folgende Gegenüberstellung:

Negative Formulierung	**Positive Formulierung**
„Fall' nicht!"	*„Achte auf die Stufe!"*
„Lauf nicht auf die Straße!"	*„Geh' auf dem Bürgersteig!"*
„Renn doch nicht weg!"	*„Bleib ganz nah bei mir!"*
„Lass doch nicht alles liegen!"	*„Räume die Sachen in den Schrank!"*
„Nicht hauen!"	*„Komm her!"*
„Schrei nicht so laut!"	*„Pssst! Sprich ganz leise!"*

Warum hören Kinder auf positive Formulierungen eher? Der Grund ist leicht nachzuvollziehen. Ihr Kind hört die Wörter „fallen", „wegrennen", „schreien". In seinem Gehirn sind bestimmte Vorstellungen und Bewegungsabläufe zu diesen Tätigkeiten gespeichert. In diesem Moment werden sie automatisch aktiviert. Das Wörtchen „nicht" ist zu schwach, um diese Vorstellungen wieder zu löschen. Und schon ist es passiert: Das Kind fällt, rennt weg, schreit weiter. Sie haben diese Reaktion durch Ihre Anweisung geradezu hervorgerufen! Es ist nicht ganz einfach, immer eine positive Formulierung zu finden. *„Du sollst nicht..."* geht uns allen wesentlich leichter von den Lippen. Lassen Sie keine Gelegenheit aus, positive Anweisungen auszuprobieren.

- Eine Mutter berichtete: *„Ich habe mich beim Essen immer darüber geärgert, dass meine Kinder so oft ihre Milch umgestoßen oder damit gekleckert* *haben. Statt ‚Klecker doch nicht so' oder ‚Pass auf, gleich kippt dein Glas um!' sage ich jetzt: ‚Kinder, lasst die Milch in der Tasse!' Das war zwar zunächst nur ein Lacherfolg, aber es klappt tatsächlich besser!"*

Viele Eltern haben Probleme damit, ihren Kindern klare Anweisungen zu geben. Ihr Hauptargument: *„Ich will mein Kind nicht herumkommandieren. Dieser Befehlston gefällt mir nicht. Außerdem fehlt mir das Wörtchen bitte dabei!"* Bedenken Sie: Die klaren Anweisungen sollten Sie aufheben für ganz besondere Situationen, in denen Sie sicher sind: *„Jetzt muss etwas geschehen. Es ist notwendig und sinnvoll, dass mein Kind jetzt das tut, was ich sage."* Keinesfalls sollen Sie den ganzen Tag hinter Ihrem Kind her sein und es mit Befehlen und Kommandos traktieren.

Auch für jeden Erwachsenen gibt es zahlreiche Situationen, in denen er sich auf klare Anweisungen eines anderen verlassen muss. Wer etwas lernen will, befolgt Anweisungen seines Lehrers. Denken Sie zum Beispiel an Ihre Fahrschulzeit: Ihr Fahrlehrer hat Ihnen am Anfang zu jedem Handgriff eine genaue Anweisung gegeben. Haben Sie in dieser Situation von ihm ein *„Bitte"* erwartet? Sie haben sich wahrscheinlich darauf verlassen, dass er Ihnen aufgrund seiner Erfahrung die richtigen Anweisungen gibt. Oder denken Sie an die verantwortliche Ärztin bei einer Operation. Sie hat das Fachwissen, die notwendigen Entscheidungen zu treffen. Auch hier wäre ein *„Bitte"* gegenüber den Mitarbeitern nicht angebracht. Indirekte, unklare Aufforderungen könnten sogar katastrophale Folgen haben. Ihre Anweisungen werden befolgt, weil die Mitarbeiter ihren Fähigkeiten vertrauen und ihren Wissensvorsprung anerkennen. Trotzdem kann sie zu ihren Mitarbeitern ein gutes, kameradschaftliches Verhältnis haben.

Haben Sie Ihrem Kind gegenüber nicht auch einen Vorsprung an Wissen und Erfahrung? Sollte nicht auch Ihr Kind Ihrem Wissen vertrauen und Ihre Fähigkeiten respektieren? Ist es wirklich verwerflich, wenn Sie manchmal von Ihrem Kind etwas ohne Wenn und Aber verlangen, weil Sie von der Notwendigkeit überzeugt sind? Ist es ein Problem, wenn Ihr Kind gelegentlich akzeptiert: *„Ich tue, was Mama sagt, weil sie weiß, was gut für mich ist"*?

Das Wort *„Bitte"* braucht deshalb nicht aus Ihrem Sprachgebrauch zu ver-

schwinden. Es kann für Ihr Kind aber ein Gewinn sein, den Unterschied zwischen einer Bitte und einer klaren Anweisung zu lernen.
Niemand von uns will eine Kehrtwendung zum „bedingungslosen Gehorsam", der in der Erziehung früherer Generationen von Kindern verlangt wurde. Jeder weiß, welche katastrophalen Auswirkungen diese Erziehung hatte. Vorsicht ist geboten: Auch unsinnige, willkürliche, sogar gefährliche Befehle können als klare Anweisung formuliert sein. Klare Anweisungen könnten – wie andere Tipps und Hinweise aus diesem Buch – auch zum Schaden des Kindes missbraucht werden.

Wir Eltern sind verpflichtet, immer das Wohl unseres Kindes im Auge zu behalten und alles zu vermeiden, was ihm körperlichen oder seelischen Schaden zufügen kann.

Zusammenfassung:
Welche Regel ist Ihnen wirklich wichtig? Warum ist Ihnen gerade diese Regel wichtig? Wann meinen Sie es wirklich ernst? Die Antwort auf diese Fragen kann Ihnen niemand abnehmen. Je ernsthafter Sie darüber nachgedacht haben, desto überzeugender werden Ihre klaren Anweisungen für Ihr Kind sein.

Stimme und Körpersprache kontrollieren

Reden Sie mit ruhiger, fester Stimme.

Mindestens so wichtig wie die Wortwahl ist der Klang Ihrer Stimme: Der Ton macht die Musik. Eine leise, weinerliche, bittende Stimme hat für Ihr Kind kaum Aufforderungscharakter. Wie es bei unseren Kindern ankommt, wenn wir sie anschreien, wurde schon erwähnt: Vielleicht werden sie eingeschüchtert, vielleicht stellen sie ihre Ohren auf „Durchzug", vielleicht ahmen sie uns

nach und schreien zurück. Auf jeden Fall bemerken sie: *„Aha, Mama hat die Kontrolle verloren!"*
Jede Mutter und jeder Vater hat schon einmal die Kontrolle über die eigene Stimme verloren und das eigene Kind angebrüllt. Bei den eigenen Kindern scheint die Hemmschwelle besonders niedrig zu sein. Höchstens noch beim Ehepartner passiert es ebenso häufig, dass wir uns im Ton vergreifen. Eigentlich ist es erstaunlich, dass wir gerade die Menschen am ehesten anschreien, die uns am liebsten sind. Gegenüber Fremden haben wir uns wesentlich besser unter Kontrolle. Wir behandeln sie so, wie wir auch von ihnen behandelt werden wollen. Wir wissen, wie unangenehm es ist, von anderen angebrüllt zu werden. Wir wissen, wie lächerlich sich jemand macht, der seine Kollegen häufig anschreit. Daraus ziehen wir unsere Lehren. Die meisten von uns gehen noch weiter: Anderen gegenüber schlucken wir oft herunter, was uns stört. Wir ziehen es vor, höflich zu schweigen, statt offen Kritik zu äußern.
Wer sich anderen gegenüber immer gut beherrscht und kontrolliert, muss irgendwo „Dampf ablassen". Das bekommt dann die eigene Familie ab. Das eigene Kind muss manchmal unsere Wut auf alles, was uns an einem Tag schon geärgert hat, ausbaden, wenn wir es anschreien.

- So ging es auch einer Mutter mit drei sehr lebhaften kleinen Kindern. Sie verlor mehrmals am Tag die Nerven und brüllte die Kinder an. Durch Haushalt und Kinder war sie verständlicherweise manchmal überfordert. Trotz der vielen Arbeit zu Hause war sie aber in mehreren Ehrenämtern engagiert und half zusätzlich noch einer Freundin beim Renovieren und Einrichten der neuen Wohnung. Zu Hause blieb dadurch vieles liegen. Ihre Begründung: *„Ich konnte nicht nein sagen. Meine Freundin hätte das nicht verstanden. Ich möchte nicht unhöflich sein. Andere schaffen das doch auch alles. Wenigstens nach außen soll es doch so aussehen, als ob ich alles im Griff hätte!"*. Sie musste zuerst lernen, auch anderen gegenüber ab und zu Kritik zu äußern, auch einmal *„Nein"* zu sagen und manchmal zuzugeben: *„Das ist mir zuviel. Ich schaffe es nicht. Ich muss zuerst an meine eigene Familie denken"* (Ich-Botschaften!). Erst dann war es ihr möglich, mit den eigenen Kindern kontrollierter und ruhiger zu reden.

Kapitel 5: Wie Kinder Regeln lernen können: Ein Plan zum Grenzen-Setzen für Eltern

Wahrscheinlich wird es kaum jemandem gelingen, völlig ohne Schreien und Brüllen auszukommen. Aber wenn Ihnen etwas wirklich wichtig ist, reden Sie mit ruhiger, fester Stimme. Ihr Kind kann Sie nur ernst nehmen, wenn Sie sich unter Kontrolle haben.

Unterstreichen Sie mit Ihrer Körpersprache, wann Sie es ernst meinen.

Hier eine Gegenüberstellung von hilfreichen und weniger geeigneten Gesten:

Weniger geeignete Gesten	Hilfreiche Gesten
Sie rufen Ihrem Kind aus einem anderen Zimmer etwas zu.	Sie gehen ganz nah zu Ihrem Kind, bevor Sie anfangen zu reden.
Sie reden von oben herab mit Ihrem Kind.	Sie gehen hinunter in die Hocke oder auf die Knie, damit Sie mit seinen Augen auf gleicher Höhe sind.
Sie vermeiden oder erzwingen Blickkontakt.	Sie schauen Ihrem Kind in die Augen, wenn es sich nicht dagegen wehrt.
Sie packen Ihr Kind und schütteln es. Sie fuchteln mit Ihrem Zeigefinger vor seiner Nase herum.	Sie berühren Ihr Kind, zum Beispiel an der Schulter.

Es ist wichtig, dass Sie Ihr Kind anschauen und berühren, um Ihren Worten Nachdruck zu verleihen. Das ist zugegebenermaßen nicht immer ganz einfach. Viele Kinder wollen sich gern drücken, wenn es „ernst" wird. Vielleicht dreht Ihr Kind den Kopf weg oder kneift die Augen zu. Zum Blickkontakt können

Sie Ihr Kind nicht zwingen. Es wird Ihren Blick auch mit geschlossenen Augen spüren, wenn Sie nah bei ihm sind.

Was tun Sie, wenn Ihr Kind sich die Finger in die Ohren steckt oder sich die Ohren zuhält? Sie können seine Hände nehmen und es an den Händen halten, solange Sie mit ihm reden. Bedenken Sie: Es geht um eine kurze, klare Anweisung, nicht um eine lange Rede. Was tun Sie, wenn Ihr Kind nicht bei Ihnen bleibt, sondern weglaufen will? Wenn Sie es wirklich ernst meinen, darf Ihnen Ihr Kind in dieser Situation nicht entwischen. Wenn es nicht freiwillig bei Ihnen bleibt, bleibt Ihnen nichts anderes übrig: Sie halten Ihr Kind fest – so sanft wie möglich und so nachdrücklich wie nötig. Gleichzeitig schauen Sie es an und sagen ihm, was es tun soll.

Einige Leser werden nun sicherlich bedenklich die Köpfe wiegen und einwenden: *„Erst soll ich mein Kind herumkommandieren – und dann soll ich es auch noch festhalten? Das grenzt ja schon an Gewaltanwendung! Dann nutze ich ja meine körperliche Überlegenheit aus!"*

Mir ist es auch wesentlich lieber, wenn ein Kind freiwillig dableibt und zuhört. Aber welche Wahlmöglichkeiten haben Sie, wenn es wegläuft? Wollen Sie ihm nachrufen, was es tun soll? Das wird mit Sicherheit nicht klappen. Wollen Sie hinter Ihrem Kind herlaufen, während Sie Ihre „klare Anweisung" geben? Es wird sich köstlich amüsieren. Reagieren Sie resignierend mit einem Achselzucken, sagen: *„Na gut, dann eben nicht!"* und lassen die Sache auf sich beruhen? Dann lernt Ihr Kind: *„Sobald es unangenehm wird, brauche ich nur wegzulaufen."* Es wird wieder und wieder weglaufen. Es wird Ihnen nur zuhören, wann es ihm passt – und bestimmt nicht, wenn Sie es ernst meinen.

Zusammenfassung:

Wenn Sie es ernst meinen, reden Sie mit ihrem Kind Klartext: Sie geben ihm eine klare Anweisung und sagen ihm genau, was es tun soll. Dabei reden Sie mit ruhiger, fester Stimme. Ihre Körpersprache gibt Ihren Worten noch mehr Gewicht: Sie gehen ganz nah zu Ihrem Kind, schauen ihm in die Augen und berühren es.

Kapitel 5: Wie Kinder Regeln lernen können:
Ein Plan zum Grenzen-Setzen für Eltern

Technik der „kaputten Schallplatte" anwenden

Wiederholen Sie mehrmals genau das, was Sie von Ihrem Kind wollen, ohne auf seine Widerrede einzugehen.

Die Technik der „kaputten Schallplatte" ist eine sehr einfache Technik, die unsere Kinder alle bereits perfekt beherrschen. Wenn wir Eltern sie anwenden, schlagen wir die Kinder sozusagen mit ihren eigenen Waffen.

Wie Kinder diese Technik anwenden, zeigt das folgende kleine Gespräch:

- Es ist ein heißer Sommertag. Die vierjährige Annika ist mit ihrer Mutter im Dorf einkaufen.
  Annika: *„Mama, krieg ich ein Eis?"*
  Mutter: *„Hör mal, du hattest doch heute morgen schon ein Eis."*
  Annika: *„Ich möchte aber ein Eis."*
  Mutter: *„Zuviel Eis ist nicht gesund, du verkühlst dir den Bauch."*
  Annika: *„Mami, ich möchte ganz dringend gern ein Eis."*
  Mutter: *„Es ist aber schon so spät, wir müssen gleich nach Hause."*
  Annika: *„Komm Mama, kauf mir bitte ein Eis!"*
  Mutter: *„Na gut, ausnahmsweise ..."*

Wie hat Annika das geschafft? Sie hat die Argumente ihrer Mama ignoriert. Statt mit ihr zu diskutieren, wie viel Eis nun gesund oder ungesund ist und ab welcher Menge man sich den Magen verkühlt, hat sie immer wieder knapp, eindringlich und bestimmt ihren Wunsch wiederholt – wie eine Schallplatte, die einen Sprung hat und immer wieder dasselbe Stück spielt.
Die Mutter dagegen tut das, was wir Erwachsenen in solchen Situationen fast immer tun: Sie liefert Argumente. Sie diskutiert. Sie will, dass ihr Kind etwas einsieht. Das tut sie natürlich auch, wenn sie ihrerseits von ihrem Kind etwas

will. Eine klare Anweisung mündet dann leicht in eine lange Diskussion. Am Ende hat die Mutter vielleicht ganz vergessen, was sie von ihrem Kind eigentlich wollte. Aus diesem Grund lieben Kinder solche Diskussionen. Außerdem sind sie eine willkommene Gelegenheit, sich die Aufmerksamkeit der Mutter zu sichern.

Ein Beispiel:

- **Mutter** (geht in die Hocke, schaut Annika in die Augen, berührt ihre Schulter und gibt eine klare Anweisung): *„Annika, du räumst jetzt diese Legosteine in die Spielkiste!"*
  Annika: *„Warum denn?"*
  Mutter: *„Weil du sie auch ausgekippt hast."*
  Annika: *„Das finde ich aber gemein! Immer muss ich aufräumen! Den ganzen Tag aufräumen!"*
  Mutter: *„Du musst überhaupt nicht den ganzen Tag aufräumen. Aber du musst lernen, dass du das wegräumst, was du ausgekippt hast."*
  Annika: *„Aber der Timmi* (zweijähriger Bruder) *muss nie aufräumen! Das ist voll gemein! Für den machst du das immer! Mir hilfst du nie!"*
  Mutter: *„Der Timmi ist viel kleiner als du. Der kann das nicht allein."*
  Annika: *„Kann der wohl! Du hast den Timmi viel lieber als mich!"*
  Mutter: *„Jetzt hör aber auf! Du weißt ganz genau, dass das nicht stimmt!"*

Die Diskussion lässt sich beliebig fortsetzen. Annikas Mutter bleibt ruhig. Noch macht sie keinen der vielen möglichen, im 4. Kapitel erwähnten Eltern-Fehler. Wenn die Diskussion noch lange dauert, kann es ihr aber leicht noch passieren. Und ob am Ende tatsächlich Annika aufräumt, ist keineswegs sicher. Mit anderen Worten: Die Diskussion ist in dieser Situation nicht angebracht. Annika hat es geschafft, um die klare Anweisung ihrer Mutter einen Haken zu schlagen.

Kapitel 5: Wie Kinder Regeln lernen können: Ein Plan zum Grenzen-Setzen für Eltern

Ein anderes Beispiel. Das folgende Gespräch zwischen der dreijährigen Lisa und ihrer Mutter spielt sich so oder ähnlich fast jeden Morgen ab:

- **Mutter:** *„Lisa, zieh dich jetzt an!"* (klare Anweisung)
  Lisa: *„Ich will aber nicht."*
  Mutter: *„Komm, sei lieb. Wenn du fertig bist, machen wir auch etwas Schönes zusammen."*
  Lisa: *„Was denn?"*
  Mutter: *„Wir könnten zusammen ein Puzzle machen."*
  Lisa: *„Ich will aber kein Puzzle machen. Puzzles sind doof. Ich will fernsehen."*
  Mutter: *„Fernsehen am frühen Morgen! Das kommt gar nicht in Frage!"*
  Lisa (weint): *„Nie darf ich fernsehen! Alle dürfen das! Nur ich nicht!"*
  Mutter: *„Das stimmt nicht. Die anderen Kinder, die ich kenne, dürfen morgens auch nicht fernsehen."*

Lisa weint mittlerweile wegen einer ganz anderen Sache, aber angezogen ist sie immer noch nicht. Meist endet es so, dass ihre Mutter sie auf den Schoß nimmt, sie tröstet und ihr dann beim Anziehen hilft, obwohl Lisa es sehr gut allein könnte. Auch hier ist die Mutter nach einer klaren Anweisung in eine Diskussion mit offenem Ende hineingeschlittert. Lisa hat diesmal mit dem Thema „Fernsehen" einen Nebenschauplatz eröffnet. Sie ist aber auch in der Lage, jedes einzelne von der Mutter herausgelegte Kleidungsstück in die Diskussion einzubeziehen – von der Socke bis zum passenden Haarband. Eine erstaunliche Leistung für ein dreijähriges Mädchen, das noch nicht in den Kindergarten geht.
Wie hätten die Mütter von Annika und Lisa die Diskussion vermeiden können? Die Technik der „kaputten Schallplatte" macht ein Hakenschlagen um eine klare Anweisung und ein Hineinschlittern in ein anderes Thema sehr unwahrscheinlich. Annika hat uns mit dieser Technik schon bekannt gemacht, als sie sich mit ihrem Wunsch nach einem Eis durchsetzen konnte.

Diesmal wendet Annikas Mutter die Technik der „kaputten Schallplatte" an:

- **Mutter** (geht in die Hocke, schaut Annika in die Augen, berührt ihre Schulter und gibt eine klare Anweisung): *„Annika, du räumst jetzt diese Legosteine in die Spielkiste!"*
  Annika: *„Warum denn?"*
  Mutter: *„Es muss jetzt sein: Du nimmst die Legosteine und räumst sie in die Spielkiste!"*
  Annika: *„Das finde ich aber gemein! Immer muss ich aufräumen! Den ganzen Tag aufräumen!"*
  Mutter: *„Komm, Annika, du räumst jetzt die Legosteine in die Spielkiste!"*
  Annika (fängt an aufzuräumen und protestiert leise vor sich hin): *„Immer ich ..."*

Das Gespräch zwischen Lisa und ihrer Mutter verläuft ebenfalls ganz anders, wenn die Mutter die „kaputte Schallplatte" anwendet:

- **Mutter:** *„Lisa, zieh dich jetzt an!"* (klare Anweisung)
  Lisa: *„Ich will aber nicht!"*
  Mutter: *„Hier, Lisa. Zuerst ziehst du dein Hemd an."*
  Lisa: *„Ich will aber mit dir spielen!"*
  Mutter: *„Lisa, du ziehst jetzt dein Hemdchen an."*
  Lisa (mault, aber zieht ihr Hemd an): *„Gemein ..."*

Sie glauben nicht, dass das so einfach geht? Probieren Sie es aus! Viele Eltern stellen fest, dass sie sich häufig auf wenig ergiebige Diskussionen einlassen. Wenn sie stattdessen auf die Methode der „kaputten Schallplatte" zurückgreifen, sind sie über den Erfolg ganz verblüfft.

Kapitel 5: Wie Kinder Regeln lernen können: Ein Plan zum Grenzen-Setzen für Eltern

- Im ersten Kapitel wurde die Geschichte der achtjährigen **Vicky** erzählt. Sie klagte vor der Schule regelmäßig über Bauchschmerzen und ging morgens bis zu zehnmal zur Toilette. Ihre Mutter hatte zwei Wochen lang mit ihr diskutiert, sie getröstet und sie letztendlich auch dreimal zu Hause behalten. Es ließ sich aber kein Anhaltspunkt für Vickys plötzliche „Angst" finden. Tagsüber und abends war sie ausgelassen und fröhlich. Deshalb beschloss ihre Mutter, Vicky auf andere Art und Weise Sicherheit zu geben. Egal, wie Vicky auch jammerte und argumentierte – ihre Mutter reagierte nun jeden Morgen gleich. Sie beugte sich zu Vicky herunter, berührte sie an der Schulter und sagte liebevoll und bestimmt: *„Du wirst jetzt in die Schule gehen. Es tut mir leid, dass es so schwer für dich ist."* Wenn Vicky – wie vorher üblich – wieder in letzter Minute zur Toilette gehen wollte, sagte ihre Mutter: *„Du gehst jetzt los. Auf der Toilette warst du schon."* Mehr sagte sie nicht. Manchmal wiederholte sie ihre Worte („kaputte Schallplatte"). Sie war selbst erstaunt, wie schnell sich Vickys „Bauchschmerzen" besserten. Eine Woche später ging Vicky wie vorher ohne Probleme zur Schule.

Um Missverständnissen vorzubeugen, möchte ich klarstellen: Diskussionen zwischen Eltern und Kind sind wichtig und können durchaus mehrmals am Tag stattfinden. Diskussionen während der gemeinsamen Mahlzeiten, während des Abendrituals, während der Zeit, die Sie Ihrem Kind täglich schenken (siehe *„Zeit für Zuwendung"* in Kapitel 3), während einer ruhigen halben Stunde – in solchen Situationen sind sie sinnvoll und können zu einem guten Ergebnis führen. Sie haben dann Zeit zum Zuhören, können Ihrem Kind Ihre Bedürfnisse klarmachen und Argumente liefern. Bieten Sie Ihrem Kind von sich aus solche Diskussionen an. Alle Begründungen, die Sie bei Anwendung der „kaputten Schallplatte" weggelassen haben, können Sie in solch einer ruhigen halben Stunde nachliefern. Wenn es Ihrem Kind wirklich um die Sache geht, wird es sich auch dafür interessieren.

Oft sind Diskussionen für ein Kind aber nur interessant, wenn es damit von der Sache ablenken und sich Aufmerksamkeit sichern will. In einer „ruhigen halben Stunde" fällt dieser Zweck weg. Die Diskussion ist Ihrem Kind dann wahrscheinlich gar nicht mehr so wichtig.

Zusammenfassung:
Kennt Ihr Kind Ihre Argumente schon? Waren Ihre Ich-Botschaften wirkungslos? Stehen Sie unter Zeitdruck? Ist gerade ein Konflikt da? Ist eine wichtige Regel verletzt worden? Dann bringt eine Diskussion nichts. In diesem Fall geben Sie Ihrem Kind besser eine klare Anweisung. Wenn Ihr Kind anfängt zu diskutieren, wenden Sie die Technik der „kaputten Schallplatte" an: Wiederholen Sie mehrmals genau das, was Ihr Kind tun soll. Ignorieren Sie seine Einwände. Reagiert Ihr Kind nach dreimaliger Wiederholung immer noch nicht? Die erste Stufe unseres Plans zum „Grenzen-Setzen" haben Sie nun ausgeschöpft. Klartext-Reden allein hat nicht gewirkt. Sie gehen zur nächsten Stufe über und lassen auf Worte Taten folgen.

Zweiter Schritt:
Auf Worte Taten folgen lassen

Viele Eltern kommen mit den Hinweisen zum Klartext-Reden ein ganzes Stück weiter. Besonders der Verzicht auf Diskussionen und die Anwendung der „kaputten Schallplatte" haben sich als wirkungsvoll erwiesen. Doch schon während Eltern eine klare Anweisung geben, sollten sie wissen: *„Was werde ich als nächstes tun? Was passiert, wenn mein Kind mir immer noch nicht zuhört?"*

Wie reagieren Sie bisher, wenn Ihr Kind Ihren klaren Anweisungen nicht folgt? Es ist nicht unwahrscheinlich, dass Ihnen einer der verbreiteten Eltern-Fehler unterläuft: Vorhaltungen machen, Warum-Fragen, Ankündigungen ohne Folgen, Drohungen und Beschimpfungen, strenge Strafen oder Schlagen. Diese Reaktionen entstehen in einem Konflikt aus einem Gefühl von Wut, Ärger und Hilflosigkeit. Im Zustand äußerster Erregung fällt uns einfach keine sinnvolle Erziehungsmaßnahme ein. Deshalb gilt:

- Unsere Taten, die wir auf Worte folgen lassen, sollten wir rechtzeitig und sorgfältig überlegen und planen.
- Unsere Taten sollen nicht bestrafen, sondern Grenzen setzen. Sie sollen dem Kind klarmachen: *„Stopp! Dieses Verhalten kann ich nicht zulassen!"* Wir reden deshalb nicht von Strafen, sondern von Folgen oder Konsequenzen.
- Unser Kind hat jedes Mal die Wahl: *„Entweder halte ich mich an die Regel und tue, was meine Eltern sagen – oder ich nehme die Konsequenz in Kauf."*
- Damit unsere Taten wirken, müssen wir eines beachten: Konsequenzen können für unser Kind unerwünscht und unangenehm sein. Wir dürfen ihm damit aber niemals psychischen oder körperlichen Schaden zufügen.
- Und wir müssen unserem Kind unsere Taten begründen – zum Beispiel so: *„Ich habe dich lieb. Du bist mir sehr wichtig. Deshalb kann mir dein Verhalten nicht egal sein. Es ist notwendig, dass du dich an die Regeln hältst. Ich werde dich dabei unterstützen."*

Welche Konsequenzen bei welchem Verhalten in welchem Alter sinnvoll sind – diese wichtige Frage kann kaum erschöpfend beantwortet werden. Wir wagen jedoch wieder ganz konkrete Hinweise.

Lernen aus den logischen Folgen

In einem Punkt sind sich die Experten einig: Je klarer der Zusammenhang zwischen dem unerwünschten Verhalten des Kindes und den Konsequenzen – desto besser. Das Kind bekommt die Gelegenheit, aus den Folgen seines eigenen Verhaltens zu lernen: Es wird „aus Schaden klug". Es lernt, selbst Verantwortung zu übernehmen. Einige Beispiele sollen das verdeutlichen:

- **Jonas** (elf Monate alt) hatte eine unangenehme Angewohnheit: Nachts gegen 1 Uhr wachte er auf und weinte. Mindestens die nächsten zwei Stunden blieb er wach. Die Eltern konnten tun, was sie wollten, er schlief einfach nicht vor 3 Uhr wieder ein. Allerdings holte er den nachts versäumten Schlaf morgens nach: Vor 9 oder 10 Uhr wachte er nicht auf. Jonas kam abends gegen 20 Uhr ins Bett. Kinder in seinem Alter brauchen normalerweise nachts etwa elf Stunden Schlaf. Die natürliche Konsequenz war also, Jonas um 7 Uhr morgens zu wecken. Von der dritten Nacht an schlief er durch. Er hatte die Regel gelernt: „*Bettzeit = Schlafzeit*"[3].

Ein anderes Beispiel:

- **Daniel** (zwei Jahre alt) ging gern mit seiner Mutter in der Fußgängerzone spazieren. Zu ihrem Leidwesen riss er sich häufig von ihrer Hand los und rannte weg. Immer wieder musste seine Mutter hinter ihm herrennen und ihn „einfangen". Daniel hatte seinen Spaß, seine Mutter fand es irgendwann gar nicht mehr komisch. Sie beschloss zu handeln. Wie immer nahm sie den Buggy mit in die Stadt. Daniel durfte aber an ihrer Hand gehen. Sie gab ihm mehrmals die klare Anweisung: „*Bleib schön nah bei mir!*" Trotzdem lief er nach fünf Minuten zum ersten Mal weg.

Kapitel 5: Wie Kinder Regeln lernen können: Ein Plan zum Grenzen-Setzen für Eltern

In diesem Fall sind zwei logische Folgen denkbar: Die Mutter könnte ihn, falls die Straße autofrei ist, laufen lassen und im Auge behalten. Erst wenn er sie besorgt anfängt zu suchen, könnte sie zu ihm gehen und nochmals wiederholen: *„Jetzt bleibst du ganz nah bei mir."* Wenn er sich allein unwohl gefühlt hat, wird er nun wahrscheinlich nicht mehr weglaufen. Daniels Mutter bevorzugte die zweite Möglichkeit:

> Sie nahm ihren Sohn und schnallte ihn im Buggy fest. Zuerst schrie Daniel. Als er sich beruhigt hatte, durfte er wieder allein laufen. Diesmal blieb er in ihrer Nähe. Von da an handelte Daniels Mutter jedesmal so, bis Daniel die Regel gelernt hatte: *„Wenn ich allein laufen will, muss ich bei Mama bleiben."*

Das folgende Beispiel wurde am Anfang des Buches schon einmal erwähnt:

- **Carola** war dreieinhalb und machte beim Essen regelmäßig „Theater". Die Mahlzeiten zogen sich über eine Stunde hin. Carola wurde gefüttert und brauchte zusätzlich Ablenkungen wie Fernsehen oder Bilderbücher, um überhaupt etwas zu sich zu nehmen. Der Tag war bestimmt durch Auseinandersetzungen zum Thema Essen. Ihre Mutter war regelrecht besessen von dem Gedanken, ihre Tochter sei zu dünn. Deshalb ließ sie keine Gelegenheit aus, ihr irgendwie Nahrung einzuflößen. So hatte sie zum Beispiel bei jedem Spaziergang Brotkügelchen in der Tasche, die sie ihrer Tochter in unbemerkten Augenblicken in den Mund stopfte.

Wie konnte in diesem Fall „Lernen aus den Folgen" aussehen? Auf keinen Fall ist es sinnvoll, einem Kind gegen seinen Willen Nahrung einzuflößen. Niemand darf zum Essen gezwungen werden, weder mit irgendwelchen Tricks, noch mit Gewalt. Das kann bedenkliche Auswirkungen haben. Carola zum Beispiel hatte sich angewöhnt, oft zu erbrechen. Für das richtige „Lernen aus den Folgen" kommt eher die gegenteilige Methode[4] in Frage:

- *Begrenzen* Sie die Zeiten, zu denen Essen angeboten wird.
- Wählen Sie aus, *was* Sie anbieten wollen.
- Überlassen Sie Ihrem Kind, *wie viel* es zu sich nehmen möchte.
- Essen Sie *gemeinsam* mit Ihrem Kind. Richten Sie Ihre Aufmerksamkeit auf Ihre *eigene* Mahlzeit, nicht auf die des Kindes.
- Während der Mahlzeit bleibt Ihr Kind auf seinem Platz *sitzen*.
- *Ablenkungen*, die über ein normales Gespräch hinausgehen, sind *nicht sinnvoll*.

All diese Punkte wurden mit Carolas Mutter besprochen. Zunächst aber musste der Kinderarzt sie überzeugen, dass Carola nicht „zu dünn" war. Von Geburt an war sie zwar leichter als der Durchschnitt gewesen. Sie hatte jedoch immer stetig und gleichmäßig zugenommen. Die Gewichtskurve im Vorsorge-Untersuchungsheft zeigte das ganz deutlich. Carola war ein gesundes Mädchen, körperlich fit und beweglich. Sie wusste selbst, wieviel Nahrung sie brauchte. Der Mutter das verständlich zu machen, war der wichtigste und schwierigste Teil der „Behandlung".

Nach der Beratung überließ es Carolas Mutter ihrer Tochter, wieviel sie essen wollte. Die Mahlzeiten wurden festgelegt und auf 15 Minuten begrenzt. Dann wurde der Tisch abgeräumt. Erst bei der nächsten Mahlzeit bekam Carola wieder etwas angeboten. Sie durfte zwischendurch Obst essen, soviel sie mochte. Ablenkungen wie Fernsehen oder Bilderbücher wurden bei den Mahlzeiten nicht mehr zugelassen.

Vier Tage lang nahm Carola extrem wenig zu sich. Erst dann lernte sie offensichtlich aus der Erfahrung: *„Wenn ich nichts esse, bekomme ich Hunger. Hunger ist ein unangenehmes Gefühl. Zwischendurch bekomme ich nichts zu essen. Wenn ich das unangenehme Gefühl ‚Hunger' vermeiden will, bleibt mir nichts anderes übrig: Ich muss während der Mahlzeiten etwas essen."* Carola aß zwar insgesamt nicht mehr als vorher. Es fanden aber keine Machtkämpfe mehr statt. Sie hatte die Regel gelernt: *„Mami entscheidet, was auf den Tisch kommt, wann gegessen und wann abgeräumt wird. Ich entscheide, was und wie viel ich essen will."*

Kapitel 5: Wie Kinder Regeln lernen können: Ein Plan zum Grenzen-Setzen für Eltern

Ein weiteres Beispiel, das schon am Anfang des Buches erwähnt wurde:

- **Miriam** (sechs Jahre alt) trödelte jeden Morgen beim Anziehen. Zwei- bis dreimal in der Woche ging sie nicht in den Kindergarten, weil sie nicht rechtzeitig fertig wurde. Das störte sie allerdings überhaupt nicht.

Es liegt auf der Hand, wie in diesem Fall „Lernen aus den Folgen" aussehen kann:

Miriams Mutter redete mit ihrer Tochter Klartext und wandte die Technik der „kaputten Schallplatte" an: *„Du ziehst dich jetzt an. Ich bringe dich auf jeden Fall pünktlich in den Kindergarten".* Es half nicht. Miriam saß im Schlafanzug auf dem Fußboden und rührte sich nicht. Die Mutter verließ den Raum und reagierte auf das Rufen ihrer Tochter nicht mehr. Alle fünf Minuten kam sie von da an in Miriams Zimmer zurück und sagte jedesmal: *„Miriam, brauchst du meine Hilfe? Wenn der Zeiger hier ist, gehen wir los."* Miriam glaubte ihrer Mutter nicht. Sie schimpfte und heulte und zog sich nicht an. Zur verabredeten Zeit nahm Miriams Mutter ihre Tochter an die Hand und brachte sie zum Auto – im Schlafanzug. Ihre Sachen nahm sie mit ins Auto. Im Auto zog sich Miriam schnell wie der Blitz an. Sie schimpfte wie ein Rohrspatz, wie gemein doch die Mama sei. Ihre Mama sagte gar nichts. Vom nächsten Tag an reichte das „Klartext-Reden" aus. Miriam hatte aus den Folgen gelernt.

Ob Sie es glauben oder nicht: Im Kindergartenalter funktioniert diese Methode *immer*. Nur sehr selten kommt es dazu, dass ein Kind tatsächlich im Schlafanzug das Haus verlässt. Die Eltern müssen allerdings innerlich bereit sein, notfalls so weit zu gehen. Das spüren die Kinder. Sie entschließen sich meist in der letzten Sekunde, sich doch noch fertig zu machen.

- Ein ähnliches Beispiel kann ich von einer Auseinandersetzung erzählen, die ich mit meiner sechsjährigen Tochter hatte. Ich hatte für sie einen Termin beim Friseur gemacht. Sie war damit einverstanden gewesen. Als wir losfahren wollten, fing sie an zu schreien und weigerte sich mitzukommen. Ich schaute sie an und sagte ganz ruhig: *„Wir haben einen Termin beim Friseur, und ich bringe dich auf jeden Fall pünktlich dorthin. Mir macht es nichts aus, wenn du die ganze Zeit weinst, und die Friseurin ist sicher auch daran gewöhnt. Kleine Kinder weinen oft beim Friseur. Aber eins steht fest: Nur wenn du dich beruhigt hast, kannst du selbst sagen, wie deine Haare geschnitten werden sollen."* Meine Tochter weinte unterwegs die ganze Zeit. Sobald wir den Laden betraten, hörte sie auf. Sie war kooperativ und durfte genau sagen, wie sie ihre Haare haben wollte. Anschließend war sie sehr stolz auf ihre neue Frisur.

Ein letztes Beispiel zeigt, dass bei der Auswahl von „natürlichen" Folgen auch leicht etwas schiefgehen kann:

- **Maximilian** war acht Jahre alt. Seine Beziehung zur Mutter war sehr angespannt. Es fanden viele Kämpfe um Aufmerksamkeit statt. Auch die Hausaufgaben waren betroffen. Mit der Mutter hatte ich besprochen, wie sie mit ihrem Sohn Klartext reden und die Technik der „kaputten Schallplatte" anwenden sollte. Nun saß sie wieder einmal neben ihrem Sohn bei den Hausaufgaben und ärgerte sich darüber, dass er unkonzentriert war und die ganze Zeit mit einem Stapel Fußballkarten hantierte. Dreimal forderte sie ihn auf: *„Leg' jetzt die Fußballkarten weg."* Es half nicht. Nun musste die Mutter handeln. Leider hatte sie nicht vorher überlegt, was sie als nächstes tun würde. Sie entschied aus ihrem Gefühl des Ärgers und der Enttäuschung heraus. Und was tat sie? Sie nahm die Fußballkarten und riss sie in der Mitte durch. Maximilian weinte bitterlich. Lange hatte er gespart und getauscht, bis er seine Lieblingsstars zusammen hatte, und nun war alles zerstört.

Kapitel 5: Wie Kinder Regeln lernen können:
Ein Plan zum Grenzen-Setzen für Eltern

Was hätte Maximilians Mutter stattdessen tun können? Die Karten störten Maximilian wirklich in seiner Konzentration. Es war durchaus eine „natürliche Folge", sie aus dem Verkehr zu ziehen. Aber es hätte ausgereicht, ihm die Karten so lange wegzunehmen, bis er mit den Hausaufgaben fertig war.

Wenn Ihr Baby oder Ihr Kleinkind nicht das tut, was es soll, gibt es oft nur eine natürliche Konsequenz: Sie müssen mit sanftem körperlichen Druck „nachhelfen". Wenn Ihr Baby sich beim Wickeln dreht und wälzt, halten Sie es fest. Wenn Ihr Zweijähriger sich einer Gefahrenquelle nähert, nehmen Sie ihn und holen ihn dort weg. Weigert sich Ihre Dreijährige, die Treppe hinauf Richtung Schlafzimmer zu gehen, können Sie sie entweder schieben, ziehen oder tragen. Weigert sie sich, den Mantel anzuziehen, während Sie unter Zeitdruck stehen? Es wird Ihnen nichts anderes übrig bleiben als „nachzuhelfen".

- In unserer Familie wurde die Frage *„Freiwillig oder mit Gewalt?"* zum geflügelten Wort. Sehr abschreckend kann unsere Art von „Gewalt" für die Kinder allerdings nicht gewesen sein. Sonst hätte meine sechsjährige Tochter nicht so oft gefragt: *„Mami, ich war doch heute so lieb. Kannst du mich bitte mit Gewalt ins Bett bringen?"*

Manchmal ist das „Nachhelfen" weniger lustig. Oft ist es mit lautem Geschrei unseres Kindes verbunden. Wir haben das Gefühl, dass wir unserem Kind Gewalt antun, dass wir ihm „unseren Willen aufzwingen". Es ist in dieser Situation besonders schwierig, die Kontrolle zu behalten und ruhig zu bleiben. Aber gerade darauf kommt es entscheidend an.

In der folgenden Tabelle werden einige typische Verhaltensweisen und ihre möglichen natürlichen Konsequenzen gegenüber gestellt:

Auffälliges Verhalten	Natürliche Konsequenz
Liona, neun Monate alt, wacht nachts dreimal auf und trinkt jeweils eine große Flasche Michbrei. Tagsüber trinkt sie kaum etwas.	Die nächtliche Trinkmenge wird verringert. Nach einer Woche bekommt Liona nachts nichts mehr, damit sie tagsüber ihren Hunger stillt.
Marcel, zwei Jahre alt, zerstört vor Wut sein Lieblingsauto.	Das Auto wird nicht ersetzt.
Laura, drei Jahre alt, geht nicht zur Toilette, obwohl sie ihre Blase kontrollieren kann.	Sie bekommt keine Windel mehr. Entweder bleibt die Hose eine Zeitlang nass, oder sie muss sich allein umziehen.
Die dreijährige Carola verweigert das Mittagessen.	Sie bekommt erst bei der nächsten Mahlzeit wieder etwas angeboten.
Thomas, fünf Jahre alt, hat Milch umgeschüttet.	Er bekommt einen Lappen und wischt die Milch auf.
Matthias, fünf Jahre alt, weigert sich, seine Spielsachen vom Wohnzimmerteppich wegzuräumen.	Die Spielsachen kommen in eine Kiste und werden für mindestens eine Woche aus dem Verkehr gezogen.
Sabrina, sechs Jahre alt, fängt an zu weinen, wenn sie beim Gesellschaftsspiel mit der Mama eine Niederlage befürchtet.	Die Mutter beendet das Spiel.

Kapitel 5: Wie Kinder Regeln lernen können: Ein Plan zum Grenzen-Setzen für Eltern

Alexander, sieben Jahre alt, trödelt morgens trotz mehrfacher Ermahnungen.	Er kommt zu spät zur Schule.
Sara, acht Jahre alt, hat im Streit der Puppe ihrer älteren Schwester einen Arm ausgerissen.	Sara muss die Puppe von ihrem Taschengeld ersetzen.

Alle natürlichen Folgen wirken nur unter einer Bedingung:

Lassen Sie Ihre Taten für sich sprechen, aber schweigen Sie selbst.

Sie können Ihr Kind durchaus mit sanfter Gewalt – ruhig, aber bestimmt – die Treppe hochschieben, solange Sie dabei schweigen oder nur kurz bemerken: *„Ich werde dich jetzt ins Badezimmer bringen."* Die Versuchung, ordentlich loszuschimpfen, ist groß: *„Jeden Abend dasselbe Theater! Ich bin es allmählich leid! Kannst du nicht einmal freiwillig ins Badezimmer gehen? Du glaubst gar nicht, wie mir das auf die Nerven geht..."* Fällt Ihnen auf, wie leicht uns solche Sätze über die Lippen kommen? Leuchtet Ihnen ein, dass das wortlose Handeln wesentlich wirkungsvoller ist?

Sobald Sie Ihre Taten mit Schimpfen oder Vorhaltungen begleiten, klappt das Lernen aus den logischen Folgen nicht mehr so gut. Es wird überlagert von einem Machtkampf zwischen Ihnen und Ihrem Kind. Noch einige Kostproben von sehr naheliegenden, aber überflüssigen Kommentaren zu den logischen Folgen:

Logische Folge	**Überflüssiger Kommentar**
Sabrinas Mutter beendet *wortlos* das gemeinsame Spiel, nachdem Sabrina angefangen hat zu heulen.	Sabrinas Mutter schimpft: *„Meinst du, mir macht das Spaß, mit dir zu spielen, wenn du dauernd heulst?"*
Laura bekommt keine Windel mehr. Wenn die Hose nass ist, sagt ihre Mama: *„Du weißt, wo neue Sachen sind."* Danach *schweigt* sie.	Lauras Mutter sagt: *„Das darf doch nicht wahr sein, schon wieder nass! Warum machst du das nur? Jetzt musst du dich schon wieder umziehen!"*
Thomas muss die Milch aufwischen, die er umgekippt hat. Sein Vater schaut *schweigend* zu.	Thomas' Vater sagt: *„Hättest du dich mal besser in Acht genommen! Warum musst du auch immer so ungeschickt sein!"*

In diesen Beispielen ist Schweigen Gold, aber Reden ist schlechter als Silber. Reden verwandelt die logische Konsequenz doch noch in eine Strafe. Alle Nachteile der erwähnten typischen Eltern-Fehler kommen zum Zuge. Schweigen ist schwierig, aber Übung macht den Meister.

Oft ist es sinnvoll, logische Folgen für unerwünschtes Verhalten einfach eintreten zu lassen – statt sie vorher anzukündigen.

Stellen Sie sich vor, Sabrinas Mutter würde schon zu Beginn des Spiels sagen: *„Damit eins klar ist – wenn du anfängst zu heulen, höre ich sofort auf."*. Oder Thomas' Vater würde schon beim Tisch-Decken sagen: *„Wenn du heute wieder deine Milch umkippst, musst du sie aber selbst aufwischen."*. Oder Carolas Mutter würde ankündigen: *„Wenn du wieder nichts isst, kriegst du nichts* *zwischendurch!"*. Die Eltern nennen das unerwünschte Verhalten beim Namen, bevor es überhaupt aufgetreten ist. Auch hier wäre Schweigen eher angebracht. Wenn Sie überhaupt etwas sagen, dann gilt:

Betonen Sie die logischen Folgen des erwünschten Verhaltens – betonen Sie das Positive.

„Wenn du dich beruhigt hast, kannst du deine Frisur selbst aussuchen." · „Wenn du dich jetzt beeilst, kommst du noch pünktlich zur Schule." · „Wenn du beim Spielen friedlich bist, können wir das ganze Spiel zu Ende machen." · „Wenn du zur Toilette gehst, kannst du den ganzen Tag mit frischen trockenen Sachen herumlaufen."

> **Zusammenfassung:**
> Geben Sie Ihrem Kind die Chance, „aus Schaden klug" zu werden. Lassen Sie es die logischen Folgen seines Verhaltens spüren. Nur dann kann es aus seinen Fehlern lernen. Bleiben Sie ruhig, und reden Sie wenig. Sie brauchen die negativen Folgen für Ihr Kind nicht immer anzukündigen. Lassen Sie Ihre Taten für sich sprechen.

Die Auszeit

Nicht immer ist es möglich, die Kinder einfach aus den Folgen lernen zu lassen. Was können wir noch tun, um unseren Kindern Grenzen zu setzen?
Eine der wirksamsten und am besten erforschten Konsequenzen ist die „Auszeit". Was ist damit gemeint? Das Kind wird für kurze Zeit „ausgegrenzt": Der Kontakt zwischen Eltern und Kind wird eingeschränkt oder unterbrochen. Die Eltern setzen ihrem Kind damit ein Signal: *„Dein Verhalten kann ich so nicht zulassen."* Mehrere Spielarten einer „Auszeit" sind denkbar:

- Mutter oder Vater bleiben mit dem Kind zusammen im selben Raum.
- Mutter oder Vater verlassen den Raum und lassen das Kind allein dort zurück.
- Das Kind wird in ein anderes Zimmer gebracht und bleibt dort für kurze Zeit allein.

Wenn „Klartext-Reden" nicht möglich ist oder nicht funktioniert hat, wenn logische Folgen nicht in Sicht sind, oder wenn sofort gehandelt werden muss, ist eine „Auszeit" die Methode der Wahl. Wann ist welche Art von „Auszeit" angebracht?

Auszeit mit Mutter oder Vater im selben Raum: Für Babys und Kleinkinder unter zwei Jahren

Bei Babys und Kindern unter zwei Jahren können Trennungsängste nicht sicher ausgeschlossen werden. Daher ist es besser, mit im Zimmer oder zumindest in Sichtweite des Kindes zu bleiben. Sie können Ihr Kind zum Beispiel in eine andere Ecke des Zimmers bringen und auf eine Krabbeldecke legen. Sie können es in den Hochstuhl setzen oder in einen Laufstall oder auf die andere Seite eines Türgitters.

Wann könnte bei so kleinen Kindern überhaupt eine solche Auszeit sinnvoll und notwendig sein? Hier einige Beispiele:

- **Christoph** (acht Monate alt) wird noch voll gestillt. Seit einiger Zeit hat er zwei Zähnchen. Bisher war das noch nie ein Problem, aber plötzlich beißt er beim Stillen mit seinen scharfen Zähnchen so fest zu, dass seine Mama vor Schmerz aufschreit.

Christoph braucht eine Konsequenz, damit er die Regel lernen kann: *„Beim Trinken muss ich mit meinen Zähnchen vorsichtig sein"*.

Kapitel 5: Wie Kinder Regeln lernen können: Ein Plan zum Grenzen-Setzen für Eltern

Seine Mutter wendet eine „Auszeit" an: Mit den Worten *„Das tat furchtbar weh!"* nimmt sie ihn sofort von der Brust und legt ihn auf seine Krabbeldecke. Eine bis zwei Minuten lang wendet sie sich ab und beachtet Christoph nicht, obwohl er auf seiner Krabbeldecke weint. Nach wenigen Minuten nimmt sie ihn auf den Arm, schaut ihn an und sagt: *„Jetzt versuchen wir es noch mal. Sei aber schön vorsichtig!"*. Christoph trinkt diesmal sanft und vorsichtig.

Wenn Christoph noch einmal beißt, wird seine Mutter ihn sofort wieder auf die Krabbeldecke legen und ihm eine Zeitlang keine Beachtung schenken. Wieder wartet sie eine bis zwei Minuten, bis sie ihn wieder anlegt.

Ein weiteres Beispiel:

- Die Geschichte von **Paul** (acht Monate alt) kennen Sie bereits aus dem ersten Kapitel. Pauls Eltern waren verzweifelt, weil ihr Sohn äußerst unzufrieden war und mehrere Stunden am Tag schrie, obwohl sich seine Mutter pausenlos intensiv mit ihm beschäftigte. Paul brauchte alle paar Minuten eine andere Attraktion, damit er für kurze Zeit zufrieden war.
  Mit den Eltern wurde ich schnell einig, dass Paul eine neue Regel lernen musste: *„Ich muss mich jeden Tag zur selben Zeit eine Weile allein beschäftigen. Meine Mama hat in dieser Zeit etwas anderes zu tun."* Wie konnte er diese Regel lernen? Er war noch nicht ein Jahr alt. Seine Mutter konnte ihn nicht einfach in sein Zimmer bringen und sagen: *„Du spielst jetzt allein"*.
  Nach dem gemeinsamen Frühstück war Pauls Laune in der Regel noch am besten. Seine Mutter beschloss, von nun an während dieser Zeit zu spülen und die Küche aufzuräumen. Sie setzte Paul auf den Fußboden, bot ihm einige Gegenstände aus der Küche (zum Beispiel Schneebesen und Holzlöffel) zum Spielen an, ging zu ihm herunter in die Hocke, schaute ihn an und sagte: *„Ich muss jetzt die Küche aufräumen."* Sie war fest entschlossen, sich während der folgenden zehn Minuten in erster Linie der Hausarbeit zu widmen. Paul durfte zwar in ihrer Nähe sein, sollte aber nicht im Mittelpunkt ihrer Aufmerksamkeit stehen.

Wie erwartet, feuerte Paul nach einer Minute den Schneebesen in die Ecke, zog sich heulend an den Beinen seiner Mama hoch und wollte auf den Arm. Er war es gewohnt, immer sofort seinen Willen zu bekommen. Es passierte aber etwas, womit Paul gar nicht gerechnet hatte. Seine Mama gab ihm eine Auszeit: Sie nahm ihn und setzte ihn ein Stück weiter weg wieder auf den Fußboden mit den Worten: *„Ich muss jetzt die Küche aufräumen."* Paul war empört. Er steigerte seine Lautstärke und krabbelte sofort zu Mamis Beinen zurück. Seine Mama tat wieder genau dasselbe wie beim ersten Mal: Sie nahm ihn, setzte ihn ein Stück von sich weg auf den Fußboden und sagte: *„Ich muss jetzt die Küche aufräumen, mein Schatz* („kaputte Schallplatte"). *Danach kann ich wieder mit dir spielen"*. Das Spiel wiederholte sich noch einmal.

Beim nächsten Mal entschied sich Pauls Mutter – wie vorher besprochen – einen Schritt weiter zu gehen: Paul wurde in den Laufstall gesetzt. Er konnte seine Mutter von dort aus sehen. Das hinderte ihn nicht daran, sich schreiend an den Gitterstäben hochzuziehen. Seine Mama setzte ihre Hausarbeit unbeirrt fort, obwohl sich von Pauls Geschrei ihr Magen zusammenzog. Alle zwei bis drei Minuten wandte sie sich Paul zu und sagte: *„Ich muss erst die Küche aufräumen, dann kann ich wieder mit dir spielen."*. Sobald die zehn Minuten um waren, schenkte sie Paul wieder ihre ungeteilte Aufmerksamkeit. Sie war erleichtert und stolz, dass sie durchgehalten hatte, auch wenn anfangs bei ihrer Hausarbeit nicht viel herauskam.

Auf genau diese Weise handelte Pauls Mutter in den folgenden Tagen. Jedesmal nahm sie sich vorher genau vor, was sie in dieser Zeit tun wollte – aufräumen, Zeitung lesen, selbst zu Ende frühstücken. Allmählich verlängerte sie die Zeit von zehn auf 30 Minuten. Schon am dritten Tag hörte Paul innerhalb der „Auszeit" von selbst auf zu weinen. Er saß tatsächlich im Laufstall und spielte – für die Mutter ein völlig ungewohnter Anblick! Sie hielt es bald nicht mehr jedesmal für nötig, Paul in den Laufstall zu setzen. Das tat sie nur, wenn er sich so an sie hängte, dass sie sich nicht bewegen konnte. Paul lernte allmählich, dass er in dieser Zeit bei seiner Mutter nicht im Mittelpunkt stand und mit Schreien nichts erreichen konnte. Er entschied sich immer häufiger, zu spielen statt zu schreien. Seine Mutter merkte, dass

Kapitel 5: Wie Kinder Regeln lernen können: Ein Plan zum Grenzen-Setzen für Eltern

beiden diese Veränderung gut tat. Deshalb führte sie am Nachmittag eine weitere halbe Stunde ein, in der sie genau so vorging.

Viele Babys und Kleinkinder bekommen immer sofort ihren Willen, sobald sie schreien. Ihre Eltern meinen es meistens gut. Sie wollen, dass ihr Kind sich wohlfühlt, und zwar immer. Leider funktioniert diese Methode nicht. Im Gegenteil: Solche Kinder sind oft – wie Paul – besonders unzufrieden. Sie schreien viel, weil sie gelernt haben: Schreien bringt Zuwendung. Sie sind schon früh in einen Kampf um Aufmerksamkeit verwickelt und lernen ihre eigenen Fähigkeiten und Vorlieben gar nicht richtig kennen. Deshalb können sie sich nicht gut allein beschäftigen. Erst recht bleibt ihnen verborgen, dass auch ihre Eltern Bedürfnisse haben. Eine „Auszeit" mit Vater oder Mutter im selben Zimmer ist ein möglicher Ausweg: Das Kind wird nicht bestraft, bleibt in der Nähe, bekommt aber trotzdem nicht seinen Willen.

- Auch wenn Ihr Kind noch sehr klein ist – verwenden Sie **Ich**-Botschaften während einer „Auszeit": *„**Ich** muss jetzt aufräumen"* · *„**Ich** möchte jetzt zu Ende frühstücken"* · *„**Ich** muss telefonieren"*. Sie können gar nicht früh genug damit anfangen. Ihr Kind lernt so Ihre Bedürfnisse kennen – und Sie selbst können sich davor bewahren, zu schimpfen und Ihrem Kind Vorhaltungen zu machen.

Ein letztes Beispiel:

- Erinnern Sie sich an **Patrick**, den „Schrecken der Spielgruppe"? Der Zweijährige beißt, schlägt andere Kinder, nimmt ihnen die Spielsachen weg und wirft damit. Jedesmal geht seine Mutter zu ihm und schimpft mit ihm. Fast jedesmal kündigt sie an: *„Wenn du das noch einmal machst, gehen wir nach Hause."* Das setzt sie jedoch nie in die Tat um.

Wie kann die Mutter wirkungsvoller handeln? Wenn Patrick einem anderen Kind weh getan hat, kann sie Klartext reden. Sie geht auf die Knie, schaut ihn an, hält ihn an den Händen fest und sagt: *„Stop! Hör sofort damit auf!"*. Sie kann ihn in eine andere Ecke des Zimmers bringen, ihre Aufmerksamkeit von ihm abwenden und statt dessen sein „Opfer" trösten. Wenn Patrick in derselben Stunde noch einmal haut oder beißt, muss sie sofort handeln. Patrick ist zwar schon älter als ein Jahr, aber er kann noch nicht allein vor die Tür geschickt werden. Seine Mutter verlässt mit ihm zusammen den Raum. Sie ist während der „Auszeit" bei ihm, gibt ihm jedoch keine besondere Zuwendung. Wenn Patrick schreit, sagt sie nur: *„Wenn du dich beruhigt hast, können wir wieder hineingehen."* Damit betont sie das Positive. Wenn Patrick nicht aufhört zu schreien, geht sie mit ihm nach Hause.

Auch das ist eine Auszeit: Patrick wird von den anderen Kindern und den vielen attraktiven Spielsachen getrennt. Kann er sich jedoch beruhigen, bekommt er in der Gruppe eine neue Chance. Sobald er für kurze Zeit friedlich spielt, setzt sich die Mutter zu ihm, lobt ihn und schenkt ihm Aufmerksamkeit. Sie achtet auf das Gute. Sollte Patrick zum dritten Mal einem Kind weh tun, geht sie sofort mit ihm nach Hause.

Auszeit mit Vater oder Mutter im selben Raum: Der „Stille Stuhl" als letzte Chance

Der „Stille Stuhl" wurde aus dem Elterntraining „Triple P"[8] übernommen. Diese Art von Auszeit kann bei Kindern über zwei Jahren angewandt werden. Wieder bleiben die Eltern mit dem Kind im selben Zimmer. Mit dem „Stillen Stuhl" bekommen die Kinder eine letzte Chance, eine räumliche Trennung zu vermeiden. Die Kinder müssen ihre Beschäftigung unterbrechen und für kurze Zeit ruhig auf einem Stuhl in der Nähe von Mutter oder Vater sitzen bleiben. Ein Beispiel soll das genaue Vorgehen beim „Stillen Stuhl" verdeutlichen.

- **Thomas** (vier Jahre alt) dreht regelmäßig auf, wenn er Besuch bekommt. Immer wieder reißt er seinen Spielkameraden Spielsachen aus der Hand, auch wenn er gerade mit etwas ganz anderem beschäftigt ist. Bei ihm zu Hause gilt aber die Regel, dass anderen Kindern keine Spielsachen weggerissen werden dürfen. Also führt seine Mutter für dieses Verhalten den „Stil-

Kapitel 5: Wie Kinder Regeln lernen können: Ein Plan zum Grenzen-Setzen für Eltern

len Stuhl" ein. Als wieder ein Kind zu Besuch kommt, erinnert sie ihren Sohn an die Regel. Trotzdem reißt Thomas seinem Freund schon nach fünf Minuten einen Bagger aus der Hand.

Daraufhin sagt seine Mutter: *„Thomas, du kennst die Regel. Du hast deinem Freund den Bagger aus der Hand gerissen. Das war nicht in Ordnung. Wenn er hier zu Besuch ist, darf er mit deinen Sachen spielen. Deshalb musst du jetzt kurz auf den Stillen Stuhl. Danach kannst du es nochmal versuchen".*
Thomas muss sich nun auf einen Stuhl in der Nähe seiner Mutter setzen und zwei bis drei Minuten lang dort ruhig sitzen bleiben. Seine Mutter schenkt ihm in dieser Zeit keine besondere Beachtung. Schafft er es, ruhig sitzen zu bleiben, wird er gelobt und darf sofort weiter spielen. Schafft er es nicht, bekommt er eine „strengere" Auszeit. Er wird für kurze Zeit in ein anderes Zimmer gebracht.

Thomas hat also die Wahl: Wenn ich den „Stillen Stuhl" akzeptiere und tatsächlich ruhig sitzen bleibe, kann ich gleich weiter spielen. Wenn nicht, muss ich in ein anderes Zimmer. Jedesmal, wenn Thomas gegen eine Regel zum Thema „Umgang mit anderen" verstößt, folgt als Konsequenz der „Stille Stuhl".

Vielen Kindern hilft der „Stille Stuhl", sich wieder an die Familien-Regeln zu erinnern. Sie wollen lieber nach kurzer Zeit weiter spielen statt eine Auszeit in einem anderen Zimmer zu riskieren. Deshalb ist der „Stille Stuhl" eine sanfte und trotzdem effektive Konsequenz. Zeitlich kann diese Auszeit immer sehr kurz sein: zwischen einer und fünf Minuten. Es gilt die Regel: Je jünger und das Kind ist, desto kürzer die Auszeit. Wichtig ist, dass der „Stille Stuhl" sofort zum Einsatz kommt, wenn das Kind gegen eine Regel verstoßen hat.

Auszeit mit räumlicher Trennung: Vater oder Mutter verlassen den Raum

Für diese Art von Auszeit sollte Ihr Kind mindestens zwei Jahre alt sein. Sie empfiehlt sich zum Beispiel dann, wenn Ihr Kind längere Zeit schreit, einen

Wutanfall hat oder Sie beschimpft. Sie verlassen den „Kampfplatz", statt sich in einen Kampf um Aufmerksamkeit verwickeln zu lassen. Einige Beispiele:

- Ihr Zweijähriger will Schokolade haben und bekommt keine. Er wirft sich auf den Boden, trampelt und schreit. Sie verlassen das Zimmer und gehen erst wieder zu ihm, wenn er sich beruhigt hat. Bei einem sehr langen Trotzanfall können Sie alle paar Minuten zu ihm gehen und ihm ein Friedensangebot machen: *„Kann ich dir helfen? Ist alles in Ordnung?"* Wenn er Sie schreiend zurückweist, verlassen Sie wieder das Zimmer. Dies wiederholen Sie, bis er Ihr Friedensangebot annimmt.
- Sie helfen Ihrer achtjährigen Tochter bei den Hausaufgaben. Sie nimmt Ihre Hilfe jedoch nicht an. Statt dessen fängt sie an, Sie zu beschimpfen: Die Lehrerin habe alles ganz anders erklärt, Sie hätten sowieso keine Ahnung, und überhaupt seien Sie eine ganz blöde Mama. Daraufhin verlassen Sie den Raum. Am besten wortlos, auf jeden Fall ohne gekränkte Kommentare und Belehrungen. Wenn Ihnen das Schweigen zu schwer fällt, können Sie auch das Positive betonen: *„Sobald du wieder freundlich mit mir redest, helfe ich dir gern weiter".*
- Ihre beiden Kinder (sieben und neun Jahre alt) streiten sich schon den ganzen Nachmittag. Alle paar Minuten gibt es Geschrei. Alle paar Minuten müssen Sie eingreifen und schlichten. Sie merken, wie der Ärger in Ihnen immer höher steigt. Sie haben das Gefühl: Wenn ich jetzt nicht losschreie, platze ich. Statt zu schreien und die Kontrolle zu verlieren, können Sie aber etwas anderes tun: Sie geben sich selbst eine Auszeit. Sie verlassen die Wohnung und gehen „eine Runde um den Block" – wenn Ihre Kinder schon alt genug sind, um ein paar Minuten allein zu bleiben.

Auch innerhalb der Wohnung können Sie sich vielleicht eine Rückzugsmöglichkeit einrichten. *Rudolf Dreikurs* empfiehlt in seinem bereits erwähnten Buch[2] die „Badezimmermethode": Mutter oder Vater verlassen den Ort der Auseinandersetzung und ziehen sich für kurze Zeit (vielleicht mit einer Zeitung bewaffnet) ins Badezimmer zurück, bis sie sich wieder unter Kontrolle haben.

Kapitel 5: Wie Kinder Regeln lernen können: Ein Plan zum Grenzen-Setzen für Eltern

Es gibt eine Ausnahme, bei der Sie eine Art Auszeit schon für Babys ab sechs Monaten anwenden können: Wenn Ihr Kind lernen soll, allein in seinem Bett einzuschlafen und durchzuschlafen. Wie das funktioniert, ist in unserem Buch *„Jedes Kind kann schlafen lernen"*[3] beschrieben. Sie lesen dort auch, wie es zu Schlafstörungen kommt und was Sie tun können, damit Ihr Kind von Anfang an ein guter Schläfer wird. Hier nur soviel dazu: Das Kind wird ohne Einschlafhilfen wie Fläschchen oder Schnuller in sein Bett gelegt. Die Eltern sagen *„Gute Nacht"* und verlassen das Zimmer. Wenn das Baby weint, gehen sie alle paar Minuten zu ihm hinein, trösten und streicheln es, zeigen ihm, dass alles in Ordnung ist, geben ihm aber nicht seinen Willen. Sie verlassen das Zimmer, auch wenn das Baby noch schreit. Das wiederholt sich so lange, bis das Baby eingeschlafen ist. Nur wenn es allein ohne Ihre Hilfe einschlafen kann, kann es auch nachts durchschlafen. Diese „Auszeit" ist sehr wirkungsvoll: Die meisten Babys lernen in wenigen Tagen, gut zu schlafen.

Auszeit mit räumlicher Trennung: Kind wird in einen anderen Raum gebracht

Bei manchen Regelverstößen ist es besser, das Kind in ein anderes Zimmer zu bringen, statt selbst den Raum zu verlassen: Wenn Ihr Kind sich zum Beispiel während einer gemeinsamen Mahlzeit am Tisch völlig unakzeptabel verhält, wenn es mit Gegenständen wirft oder Ihnen oder einem anderen Kind weh getan hat – und den „Stillen Stuhl" als Konsequenz nicht akzeptiert. Bei dieser Art von Auszeit können Sie eine Tür zwischen sich und Ihrem Kind schließen, wenn Ihr Kind nicht freiwillig in dem Auszeit-Zimmer bleibt. Damit setzen Sie eine besonders klare und nachdrückliche Grenze.

- **Oliver** (zwei Jahre alt) wurde schon im ersten Kapitel erwähnt. Seine Mutter fand ihn „richtig böse". Sie wurde von ihm geschlagen, gebissen und getreten, außerdem hatte er sehr anhaltende Trotz- und Schreianfälle.
Bei den Trotz- und Schreianfällen konnte seine Mutter meist die im vorigen Abschnitt beschriebene Auszeit anwenden: Sie verließ das Zimmer und ließ

ihn allein zurück. Wenn Sie jedoch in dem Zimmer selbst etwas erledigen musste, oder wenn Oliver anfing zu schlagen, zu treten oder zu beißen, entschied sie sich für diese Auszeit: Sie nahm ihn und brachte ihn in sein Zimmer. Sie schloss die Tür hinter sich und blieb in der Nähe. Oliver konnte die Tür noch nicht allein öffnen. Er saß in seinem Zimmer und brüllte. Nach zwei Minuten ging seine Mutter zu ihm hinein und machte ihm ein „Friedensangebot": *„Ist wieder alles gut? Möchtest du dich mit mir vertragen?"* Oliver brüllte weiter. Deshalb ging seine Mutter wieder hinaus und machte die Tür hinter sich zu. Wiederum ging sie nach zwei Minuten hinein und erneuerte ihr Friedensangebot. Diesmal streckte ihr Oliver schluchzend die Ärmchen entgegen. Er hörte auf zu weinen und durfte wieder bei seiner Mama bleiben. Sofort war alles vergeben und vergessen.

Am ersten Tag hielt sich Olivers „Einsicht" allerdings in Grenzen. Nach kurzer Zeit legte er immer wieder irgend ein unangemessenes Verhalten an den Tag. Insgesamt zwölfmal bekam er eine Auszeit in seinem Zimmer. Jedesmal weinte er sehr heftig, aber immer nur sehr kurz. Jedesmal ging seine Mutter alle zwei Minuten zu ihm hinein und fragte ihn, ab alles in Ordnung sei, bis er sich aus eigener Kraft beruhigt hatte. Am zweiten Tag musste er noch fünfmal, am dritten Tag dreimal in sein Zimmer gebracht werden. Immer öfter reichte es aus, mit ihm Klartext zu reden. Die Mutter war sehr froh, sich ihrem kleinen Sohn gegenüber nicht mehr so hilflos und ausgeliefert zu fühlen. Nach einer Woche sagte sie: *„Ich habe ein ganz anderes Kind. Er kann auf einmal richtig schön spielen, allein und mit mir zusammen."*

An diesem Beispiel werden einige Regeln für die Auszeit deutlich:

- Überlegen Sie zuerst, für welchen Regelverstoß Ihres Kindes Sie eine Auszeit verhängen wollen.
- Wenden Sie die Auszeit jedesmal an, wenn Ihr Kind gegen die Regel verstößt und sich unangemessen verhält.
- Lassen Sie Ihr Kind immer nur für sehr kurze Zeit allein in dem Auszeit-Zimmer. Gehen Sie alle paar Minuten zu ihm und machen ihm ein Friedensangebot.

Kapitel 5: Wie Kinder Regeln lernen können:
Ein Plan zum Grenzen-Setzen für Eltern

- Als Faustregel gilt: Lassen Sie Ihr Kind bei geschlossener Tür in Minuten nie länger allein, als es in Jahren alt ist (beim Zweijährigen spätestens alle zwei Minuten hineingehen, beim Vierjährigen alle vier Minuten usw.).
- Es ist wichtig, dass Ihr Kind die Auszeit nicht eigenmächtig abbrechen kann. Deshalb wird die Tür des Zimmers geschlossen oder ein Türgitter verwendet.
- Die Auszeit wird erst beendet, wenn Ihr Kind sich beruhigt hat.

Sofort drängt sich die Frage auf: *„Was passiert, wenn mein Kind die Tür einfach aufmacht und herauskommt? Es würde doch nicht freiwillig in seinem Zimmer bleiben."* Die Antwort lautet: Sie müssen dafür sorgen, dass es in seinem Zimmer bleibt. Anders herum ausgedrückt: Sie müssen verhindern, dass es sein Zimmer verlässt. Im Extremfall kann das heißen, dass Sie sich gegen die Tür lehnen oder die Türklinke festhalten. Es bleibt Ihnen nichts anderes übrig, als die von Ihnen verhängte Auszeit auch durchzusetzen. Aber schließen Sie Ihr Kind nicht ein! Einschließen und Weggehen sind feindselige Reaktionen.

Wenn Ihr Kind Ihnen allerdings nach Belieben entwischen kann, ist eine Auszeit keine unangenehme Folge, sondern ein köstlicher Spaß. Stellen Sie sich vor, Sie müssten immer wieder hinter Ihrem Kind herrennen und es einfangen! Hätte Ihr Kind dann irgendeinen Grund, sein Verhalten zu ändern?

Sicherlich kommen Sie sich hart vor, wenn Sie an der Tür stehen und die Klinke festhalten, während Ihr Kind drinnen tobt und schreit und möglicherweise gegen die Tür tritt. Aber bedenken Sie – schon nach wenigen Minuten öffnen Sie die Tür wieder und machen Ihrem Kind ein Angebot: *„**Du** kannst entscheiden: Willst du wieder friedlich sein – dann kannst du zu mir kommen. Oder möchtest du noch weiter schreien – dann muss ich die Tür noch einmal zumachen."* Ihr Kind hat die Wahl. Dadurch hat es einen guten Grund, schnell mit dem Schreien aufzuhören. Und es hat einen guten Grund, sich beim nächsten Mal besser zu benehmen, damit es nicht wieder hinter einer geschlossenen Tür landet.

Trotz des außerordentlich guten Erfolges bleibt ein ungutes Gefühl, wenn wir unser Kind mit aller Konsequenz von uns trennen und eine Tür zwischen uns schließen. Wir wissen genau, dass uns unser Kind in diesem Moment nicht wohl gesonnen ist. Vielleicht schreit es sogar: *„Mama, du bist gemein!"* – oder:

„*Ich hasse dich!*" Es gehört Mut und Selbstvertrauen dazu, sich beim eigenen Kind unbeliebt zu machen. Es gehört vor allem unsere Gewissheit dazu: *„Mein Kind und ich – wir können diese Auseinandersetzung aushalten. Unsere Beziehung ist so innig und tragfähig – sie kann dadurch nicht kaputt gehen"*. Wir wollen unser Kind mit einer Auszeit schließlich nicht ärgern oder bestrafen, sondern wir wollen ihm klar machen: *„Dein Verhalten kann ich nicht zulassen. Dazu bist du mir zu wichtig. Ich muss dir eine Grenze setzen, damit du dein Verhalten änderst."* Wir haben Klartext geredet. Es hat nicht funktioniert. Logische Folgen lassen sich nicht anwenden. Schlagen wollen wir unser Kind nicht. All die anderen Eltern-Fehler wollen wir auch vermeiden. Was bleibt uns übrig? Eine Auszeit ist trotz aller Nachteile oft der beste und wirksamste Weg, unserem Kind eine Grenze zu setzen.

Nicht alle Kinder versuchen auszubrechen. Viele können eine Auszeit bei geschlossener Tür durchaus akzeptieren. Nicht selten findet die Mutter ihr Kind, das kurz vorher noch außer Rand und Band war, nach wenigen Minuten friedlich spielend in seinem Zimmer vor.

- Meine eigene Tochter dreht manchmal den Spieß um und nimmt sich selbst eine Auszeit. Wenn ihr mein Klartext-Reden nicht gefällt, stapft sie wutentbrannt in ihr Zimmer und knallt die Tür hinter sich zu. Es ist dann am besten, sie in Ruhe zu lassen, bis sie irgendwann mit wesentlich besserer Laune wieder herauskommt.

Drei Fragen werden zum Thema „Auszeit" immer wieder gestellt:
- *„Bei welchem unangemessenen Verhalten meines Kindes soll ich eine Auszeit verhängen?"*
- *„Welches Zimmer ist für eine Auszeit am besten geeignet?"*
- *„Bis zu welchem Alter kann ich eine Auszeit verhängen?"*

Zur ersten Frage: Keine Mutter und kein Vater bringt ein Kind „aus Spaß" in ein anderes Zimmer und schließt die Tür. Die Eltern sollten sich sicher sein, dass sie genau dieses Verhalten ihres Kindes auf keinen Fall akzeptieren können. Es geht nicht um Kleinigkeiten, sondern um Gravierendes. Beispiele: Ihr

Kapitel 5: Wie Kinder Regeln lernen können: Ein Plan zum Grenzen-Setzen für Eltern

Kind beißt, tritt oder schlägt Sie oder eine andere Person. Es wirft beim Essen absichtlich seinen Teller herunter. Es wirft mit harten Gegenständen nach Personen. Es hat einen Trotzanfall, während die Familie zusammen am Tisch sitzt. Es beschimpft und beleidigt Sie mit vulgären Schimpfwörtern. Es schreit laut, wenn Sie ein wichtiges Telefongespräch führen müssen. Es lässt Sie trotz mehrfacher Aufforderungen nicht in Ruhe eine wichtige Tätigkeit zu Ende bringen. Auch wenn Sie Klartext reden, hört es Ihnen nicht zu.

Zur zweiten Frage: In welches Zimmer soll das Kind gebracht werden? Darauf gibt es keine allgemeingültige Antwort. Jede Wohnung ist anders geschnitten. Entscheidend ist, dass eine Tür oder ein Türgitter zwischen Ihnen und Ihrem Kind zugemacht werden kann. Um welches Zimmer es sich handelt, ist weniger entscheidend. Oft wählen die Eltern das Kinderzimmer. Vielleicht müssen vorher wertvolle oder besonders attraktive Gegenstände entfernt werden. Ein Fernseher hat in einem Auszeit-Zimmer nichts zu suchen! Auch das Schlafzimmer, in Einzelfällen sogar das Bad oder eine Diele, können geeignet sein. Wenn Sie mit Ihrem Kind unterwegs sind, können Sie eine „Auszeit" bei jüngeren Kindern durch Anschnallen im Buggy ersetzen.

Zur dritten Frage: Bis zu welchem Alter kann diese Art von Auszeit durchgesetzt werden? Sicherlich bis zum Schulalter. Wenn Ihr Kind die Aufforderung „Geh' in dein Zimmer" akzeptiert und dort bleibt, gibt es keine Obergrenze. Die Tür würde ich bei einem Kind ab acht oder neun Jahren aber nicht mehr zuhalten. Wenn ein Kind in diesem Alter sich nicht an die Auszeit hält, muss eine andere, möglichst logische Konsequenz folgen. Einige zusätzliche Anregungen folgen im nächsten Abschnitt.

Eine leicht abgewandelte Auszeit ist die „Tür-auf-Tür-zu-Methode", die in unserem Buch „*Jedes Kind kann schlafen lernen*"[3] genau beschrieben wird. Das Kind lernt dadurch, in seinem eigenen Bett zu schlafen, statt immer wieder aufzustehen und ins Elternbett zu kommen. Die Regel, die das Kind dabei lernt, lautet: *„Bleibe ich in meinem Bett, bleibt die Tür von meinem Zimmer offen. Stehe ich aber auf und laufe im Zimmer herum, wird die Tür für kurze Zeit zugemacht und notfalls auch zugehalten. Meine Eltern kommen alle zwei bis drei Minuten zu mir herein und schauen nach mir. Nur wenn ich im Bett bin, lassen sie die Tür offen."*

Zusammenfassung:
Wenn Sie als Konsequenz eine Auszeit wählen, setzen Sie eine sehr wirkungsvolle Grenze. Sie schränken den Kontakt zu Ihrem Kind für kurze Zeit ein oder unterbrechen ihn ganz.
Es gibt mehrere Arten von Auszeiten. Bei Kindern unter zwei Jahren bleiben Mutter oder Vater mit im selben Zimmer, setzen ihr Baby in einen Hochstuhl, in den Laufstall oder in eine andere Ecke des Zimmers und beschäftigen sich mit etwas anderem. Bei Kindern ab zwei Jahren kann der „Stille Stuhl" angewandt werden: Das Kind muss seine Beschäftigung unterbrechen und für kurze Zeit ruhig auf einem Stuhl in der Nähe der Eltern sitzen bleiben. Zusätzlich kann eine andere Auszeit angewandt werden: Mutter oder Vater verlassen den Raum für kurze Zeit und lassen ihr Kind allein zurück. Bei besonders unangemessenem Verhalten kann das Kind auch in ein anderes Zimmer gebracht werden. Eine Tür oder ein Türgitter wird zugemacht. Dem Kind wird eine kurze räumliche Trennung zugemutet.

Anreize setzen

„Erst die Arbeit – dann das Vergnügen." Dieses Motto ist Ihnen als Kind sicherlich auch eingebläut worden, und wahrscheinlich können Sie es schon längst nicht mehr hören. Sie können Ihr Kind auch durchaus mit diesem Spruch verschonen. Dahinter steckt aber ein sehr wirksames Erziehungsmittel. Sie können es besonders ab dem Kindergartenalter einsetzen. Anreize sind auch logische Konsequenzen. Sie sind aber für das Kind nicht unangenehm, sondern erstrebenswert.
Ihr Kind hat verständlicherweise viele Wünsche und Forderungen an Sie. Es möchte spielen, fernsehen, sich verabreden, von Ihnen zu Freunden oder Veranstaltungen gefahren werden und vieles mehr. Es wäre keine gute Idee, Ihrem Kind sofort jeden Wunsch zu erfüllen. So könnte es nicht lernen, auf die Be-

Kapitel 5: Wie Kinder Regeln lernen können: Ein Plan zum Grenzen-Setzen für Eltern

dürfnisse anderer Rücksicht zu nehmen oder ungeliebte Pflichten zu erledigen. Besser ist es, Ihr Kind an seine Pflichten und an Ihre Regeln zu erinnern, sobald es Wünsche äußert. Sein Wunsch wird erfüllt, wenn es etwas dafür getan hat: *„Erst die Arbeit – dann das Vergnügen"*. So benutzen Sie den Wunsch Ihres Kindes als Anreiz, eine ungeliebte oder langweilige, aber notwendige Tätigkeit in Angriff zu nehmen und zu Ende zu bringen.

Viele Eltern kündigen stattdessen Strafen oder Konsequenzen an, wenn ihr Kind einen Wunsch äußert. Entscheiden Sie anhand der folgenden Tabelle selbst, was wohl wirkungsvoller ist:

Wunsch des Kindes	**Strafen ankündigen**	**Anreize setzen**
„Ich möchte Sesamstraße gucken!"	*„Wenn du nicht endlich aufräumst, kommen alle Spielsachen in einen Sack!"*	*„In Ordnung! Sobald alle Spielsachen in der Kiste sind, darfst du den Fernseher einschalten."*
„Mama, ich will draußen Fußball spielen!"	*„Wenn du deine Hausaufgaben nicht machst, kannst du nicht nach draußen gehen."*	*„Na klar. Wenn du mit den Hausaufgaben fertig bist."*
„Meine Freundin kommt mich heute besuchen."	*„Wenn du dein Zimmer nicht aufräumst, rufe ich an und sage ab."*	*„Gut – bis dahin muss dein Zimmer so aufgeräumt sein, dass ihr dort spielen könnt."*

Sehen Sie einen entscheidenden Unterschied? Für Ihr Kind ist es nicht „dasselbe in Grün". Wenn Sie Anreize setzen und an die Regel erinnern, hört Ihr Kind heraus: *„Mama traut mir zu, dass ich es schaffe"*. Wenn Sie vorzeitig negative Konsequenzen ankündigen, hört Ihr Kind heraus: *„Mama will* mich bestrafen. Anscheinend mag sie mich nicht." Das macht einen Machtkampf zwischen Ihnen wahrscheinlicher.

Manchmal äußern Kinder ihre Wünsche nicht. Sie sagen nur, was sie nicht wollen: *"Ich hasse Aufräumen!"* · *"Ich habe keine Lust, meine Hausaufgaben zu machen!"* Auch dann können Sie Anreize setzen. Sie drehen einfach den Spieß um und fragen Ihr Kind, was es möchte: *"Möchtest du gleich die Sesamstraße gucken?"* · *"Möchtest du gleich nach draußen?"* · *"Möchtest du dich heute verabreden?"* Wenn Sie richtig geraten haben, brauchen Sie nur noch zu ergänzen: *"Du kennst die Regel. Du weißt, was vorher erledigt werden muss. Je eher du fertig bist, desto besser für dich."*

Oft helfen diese Anreize Ihrem Kind, unangenehme Aufgaben zu erledigen. Aber Sie dürfen nicht erwarten, dass es sich sofort mit Begeisterung auf seine Arbeit stürzt. Vielleicht schimpft es: *"Das ist Erpressung!"* Oder es führt seine Aufgabe schimpfend und schlecht gelaunt aus. Das ist sein gutes Recht. Die gute Laune stellt sich beim nachfolgenden „Vergnügen" von selbst wieder ein.

Es kann auch passieren, dass Ihr Kind Ihre Erwartung enttäuscht und trotz aller Anreize nicht das tut, was es tun muss. Dann ist Kürzen oder Streichen von „Vergnügen" notwendige logische Konsequenz, aber nicht willkürliche Strafe.

Erinnern an Regeln und positive Folgen sind eine mögliche Art, Anreize zu setzen. Auch eine Belohnung kann ein Anreiz sein, nach dem Motto: *"Gute Arbeit – extra Vergnügen"*. Wenn Ihr Kind seine gute Seiten gezeigt oder sich bemüht hat, die Regeln einzuhalten, braucht es vor allem Ihre Anerkennung und Ihre Ermutigung. Unter der Überschrift *"Auf das Gute achten"* haben wir bereits betont, dass Sie Ihre Augen dafür immer weit offen halten sollten. Eine zusätzliche Belohnung kann Ihre Anerkennung unterstreichen. Das kann Extra-Zeit für Zuwendung sein: zum Beispiel eine zusätzliche Gutenacht-Geschichte oder ein gemeinsames Spiel. Es kann auch eine besondere Fernsehsendung sein, längeres Aufbleiben, ein besonderer Nachtisch oder vielleicht ein kleines Geschenk.

Sollte man Belohnungen vorher ankündigen –nach dem Motto: *"Wenn du mich heute Nachmittag in Ruhe arbeiten lässt, kaufe ich dir anschließend ein Spiel-*

zeugauto."? Bei materiellen Belohnungen ist eher Zurückhaltung angesagt. Sonst kommt Ihr Kind vielleicht auf die Idee, um Belohnungen mit Ihnen zu handeln und immer wieder zu fragen: *„Was kriege ich, wenn …?"* Gemeinsame Aktivitäten oder Zeit für Zuwendung können Sie dagegen durchaus vorher ankündigen und damit einen Anreiz setzen.

In dem Abschnitt *„Einen Vertrag schließen"* erfahren Sie mehr über den Einsatz von Belohnungen.

Alles auf einen Streich: Regeln – Fragen – Handeln

Sie haben bisher erfahren, wie Sie mit Ihrem Kind so reden können, dass es Ihnen zuhört. Sie haben erfahren, welche Taten wirken, wenn Reden nicht ausreicht, und wie Sie Ihr Kind mit Anreizen zusätzlich motivieren können. Aber all das ist leichter gesagt als getan. Manche Kinder widersetzen sich hartnäckig allen Regeln. Sie scheinen, wie eine Mutter es einmal formuliert hat, „erziehungsresistent" zu sein. Die Gefahr, irgendwann die Nerven zu verlieren, inkonsequent zu werden oder einen der beliebten Eltern-Fehler zu begehen, bleibt groß. Der letzte Schritt wäre die Resignation: *„Vielleicht hilft es bei anderen Kindern. Aber nicht bei meinem"*.

Geben Sie nicht so leicht auf. In diesem Abschnitt lernen Sie eine sehr wirkungsvolle Technik kennen, in der alles bisher Besprochene zusammengefasst wird. Zunächst einmal brauchen Sie feste Regeln. Ihr Handeln ergibt sich direkt aus Ihren Worten. So können Sie sachlich bleiben. Und Sie bringen Ihr Kind dazu, mit zu denken und selbst die Verantwortung zu übernehmen. Voraussetzung ist, dass Ihr Kind schon gut sprechen kann, d.h. es sollte mindestens drei oder vier Jahre alt sein.

Regeln

Bevor Sie diese Technik anwenden können, müssen Sie ein ganz bestimmtes Verhalten Ihres Kindes auswählen: Welche Regel ist Ihnen besonders wichtig? Welche Regel verletzt Ihr Kind immer wieder? Welches Verhalten Ihres Kindes hat besonders negative Auswirkungen auf Ihre Beziehung oder auf den gesamten Tagesablauf?
Nennen Sie die Regel beim Namen. Schreiben Sie sie auf einen Zettel, oder malen Sie ein Symbol dazu auf ein Plakat und hängen es gut sichtbar auf.

- Ein Beispiel: **Henri** (fünf Jahre alt) mochte es nicht, wenn er vom Kindergarten abgeholt wurde. Er beschimpfte seine Mutter auf ungehörige Weise und fing an zu schreien, wenn sie ihn mitnehmen wollte. Das war für beide ein täglicher Machtkampf und für die Mutter ein unerträglicher Zustand, den sie mit der „Regeln-Fragen-Handeln"-Technik ändern wollte. Als erstes erklärte sie Henri noch einmal die Regel: *„Wenn ich dich abhole, kommst du zügig und friedlich mit."* Dazu malten beide zusammen ein Bild: eine große und eine kleine Hand, dazu ein lachendes Gesicht. Das Bild wurde in der Küche aufgehängt.

Überlegen Sie genau, was passieren wird, wenn Ihr Kind sich nicht an die Regel hält: Gibt es eine logische Konsequenz? Ist der „Stille Stuhl" oder eine Auszeit sinnvoll? Legen Sie sich fest und erklären Sie Ihrem Kind Ihre Konsequenz.

Henris Mutter stimmte ihre Konsequenz mit der Erzieherin ab: Sobald Henri beim Abholen anfängt zu schreien oder seine Mutter zu beschimpfen, verlässt sie den Kindergarten und geht zum Auto zurück. Henri muss dann in den Gruppenraum gehen und dort warten, bis seine Mutter fünf Minuten später zurück kommt und ihm eine neue Chance gibt. Henris Mutter erklärte ihrem Sohn dieses Vorgehen und malte auch dazu ein Bild: ein weinendes Gesicht und ein Auto, dazwischen ein Pfeil.

Kapitel 5: Wie Kinder Regeln lernen können: Ein Plan zum Grenzen-Setzen für Eltern

Die Regeln und die Konsequenzen müssen dem Kind klar sein. Nur dann können Sie die „Regeln – Fragen – Handeln"-Technik anwenden. Wenn Ihr Kind das nächste Mal gegen die Regel verstößt, gehen Sie so vor:

Fragen

Sie stellen Ihrem Kind hintereinander vier Fragen. Mit Ihrer ersten Frage machen Sie es darauf aufmerksam, dass es gerade gegen Ihre Regel verstößt.

- *„Merkst du, was du gerade machst?"* · *„Was läuft hier gerade?"* · *„Wie heißt die Regel?"*

Es ist gut möglich, dass Ihr Kind nicht antwortet oder eine patzige Antwort gibt. Wenden Sie die „kaputte Schallplatte" an: Haken Sie nach und stellen Sie Ihre Frage zweimal oder dreimal hintereinander – aber nicht öfter! Antwortet Ihr Kind, gehen Sie weiter zur nächsten Frage.

Was tun, wenn das Kind auch beim dritten Mal keine Antwort gibt? Dann geben Sie die Antwort selbst und gehen danach weiter zur nächsten Frage.

- *„Was wird gleich passieren?"* · *„Was muss ich jetzt gleich machen?"*

Bestehen Sie wieder auf einer Antwort. Wenden Sie die „kaputte Schallplatte an", fragen Sie bis zu dreimal nach. Ein wütendes Kind denkt nicht in die Zukunft. Mit dieser Frage helfen Sie ihm, sich an die Konsequenz zu erinnern und nach vorn zu denken. Wenn Ihr Kind eine angemessene Antwort gibt, gehen Sie direkt zur nächsten Frage.

Gibt Ihnen Ihr Kind keine Antwort, dann tun Sie es selbst. Nennen Sie ihm die Konsequenz, die als nächstes folgen wird. Es folgt die nächste Frage:

- *„Willst du, dass das passiert?"* · *„Möchtest du das? Du hast die Wahl."*

Wieder fragen Sie bis zu dreimal nach. Natürlich will Ihr Kind nicht, dass es die Konsequenz tragen muss. Mit dieser Frage wird es daran erinnert, dass es sich doch noch für eine andere Lösung entscheiden kann. Wenn Ihr Kind mit „Nein" antwortet, machen Sie weiter mit der nächsten Frage.
Gibt Ihr Kind keine oder eine patzige Antwort, müssen Sie nun sofort handeln und die angekündigte Konsequenz eintreten lassen.

- *„Was kannst du jetzt anders machen?"* · *„Was kannst du jetzt stattdessen machen?"*

Wenn Ihr Kind antwortet und sich auch seiner Antwort entsprechend verhält, loben Sie es.

Handeln

Wenn Ihr Kind nicht antwortet oder trotz einer guten Antwort weiterhin gegen die Regel verstößt, müssen Sie nun handeln und die angekündigte Konsequenz eintreten lassen.

- **Henri** war anfangs nicht in der Lage, auf die ersten beiden Fragen zu antworten. Die Antwort gab meistens seine Mutter. Erst auf die Frage: *„Möchtest du, dass das passiert?"* reagierte er: *„Nein, Mama, du sollst hier bleiben!"*. In den ersten Tagen musste seine Mutter trotzdem den Kindergarten verlassen, weil Henri nicht aufhören konnte zu weinen. Aber nach einiger Zeit beruhigte er sich fast immer spätestens bei der letzten Frage. Er wurde gelobt und ging friedlich mit seiner Mutter aus dem Kindergarten. Nach einer Woche konnte er zum ersten Mal mitgehen ohne zu weinen.

Kapitel 5: Wie Kinder Regeln lernen können: Ein Plan zum Grenzen-Setzen für Eltern

Hier noch einmal alle vier Fragen hintereinander:

- *„Was läuft hier gerade?"*
- *„Was wird gleich passieren?"*
- *„Möchtest du das?"*
- *„Was könntest du jetzt anders machen?"*

Diese Technik gefällt mir deshalb so gut, weil die Kinder so stark einbezogen werden. Nicht alle antworten auf die Fragen – aber alle müssen zumindest mitdenken, ob sie wollen oder nicht. Ihr Denken wird auf die Lösung des Problems gerichtet. Auf die Dauer können sie sich dem nicht entziehen. Außerdem ist dieses Vorgehen dem Kind gegenüber sehr fair. Falls die Eltern am Ende doch die Konsequenz setzen müssen, können sie es tun, ohne ein schlechtes Gefühl zu bekommen.

Zusammenfassung:

Ob Sie nun eine direkte logische Konsequenz, eine Auszeit oder die Regeln-Fragen-Handeln-Technik anwenden – beachten Sie die folgenden Tipps:
- Wenden Sie Ihre Konsequenz jedesmal an, wenn Ihr Kind gegen die Regel verstoßen hat. Nur dann kann es daraus lernen.
- Reden Sie ruhig.
- Betonen Sie, dass Ihr Kind die Wahl hat: Es kann die Regel einhalten, oder es muss die Konsequenz in Kauf nehmen.
- Bleiben Sie fest. Nehmen Sie eine einmal ausgesprochene Konsequenz nicht zurück.
- Wählen sie ein andere Konsequenz, wenn die von Ihnen bestimmte mehrmals hintereinander ohne Wirkung geblieben ist.
- Zeigen Sie Ihrem Kind, dass Sie zu ihm halten. Sobald eine Konsequenz ausgestanden ist, ist alles vergeben und vergessen.

Dritter Schritt: Einen Vertrag schließen

Für manche Eltern ist es schwierig, gute Vorsätze in die Tat umzusetzen. Es bleibt bei der guten Absicht, aber die Taten bleiben aus. Wenn es mit den Konsequenzen einfach nicht so recht klappen will, kann es eine Hilfe sein, sich an den Tisch zu setzen und einen Plan zu machen. Es hängt vom Alter des Kindes ab, ob mit ihm zusammen ein Vertrag ausgehandelt werden kann, oder ob die Eltern für sich allein ein bestimmtes Vorgehen planen.

Ein Plan zur Selbstkontrolle

Mit einem Baby oder Kleinkind können Sie natürlich noch keinen Vertrag schließen. Sie können nur für sich selbst festlegen, was sich ändern soll und was Sie anders machen wollen. Beantworten Sie für sich die folgenden Fragen schriftlich, wie es die Eltern des dreijährigen **Sebastian** getan haben.

- **Welches Verhalten muss sich ändern?**
  „Sebastian hat mehrmals am Tag Schrei- und Trotzanfälle. Das ist für sein Alter nicht normal. Es muss sich ändern."

- **Wie oft kommt das unerwünschte Verhalten vor?**
  Führen Sie zunächst eine Woche lang Tagebuch und schreiben Sie genau auf, wie oft, wie lange und wie heftig das unerwünschte Verhalten Ihres Kindes aufgetreten ist.
  „Sebastian hatte in der letzten Woche täglich mindestens zwei und höchstens fünf Trotzanfälle. Sie dauerten zwischen zehn und 30 Minuten."

- **Welche Konsequenz wählen Sie?**
  Was werden Sie von jetzt an tun, sobald Ihr Kind wieder das unerwünschte Verhalten zeigt?

Kapitel 5: Wie Kinder Regeln lernen können:
Ein Plan zum Grenzen-Setzen für Eltern

„Wenn Klartext-Reden nicht wirkt, wähle ich eine Auszeit: Sobald Sebastian sich auf den Boden wirft und schreit, werde ich wortlos den Raum verlassen. Alle drei Minuten gehe ich zu ihm und frage ihn, ob er jetzt aufhören will. Wenn er schreiend hinter mir herläuft, bringe ich ihn in sein Zimmer und mache die Tür zu. Ich bleibe an der Tür stehen und passe auf, dass er dort drin bleibt. Alle drei Minuten gehe ich hinein und mache ihm ein Friedensangebot, bis er sich beruhigt hat."

- **Welche Anreize oder Belohnungen wählen Sie?**
„Wenn Sebastian sich beruhigt hat, darf er sofort wieder zu mir kommen. Ich achte in der folgenden Zeit besonders auf das Gute, lobe ihn und mache ihm Mut. Wenn möglich, biete ich ihm nach einer kurzen friedlichen Phase ein gemeinsames Spiel an."

- **Wie wirkt es?**
Führen Sie das Tagebuch weiter, damit Sie die Fortschritte genau erkennen können.
„Vor einer Woche habe ich mit der Durchführung des Plans begonnen. Seitdem hatte Sebastian an drei Tagen keinen einzigen Trotzanfall, an zwei Tagen einen recht kurzen und am Montag und Dienstag jeweils einen sehr heftigen von 30 Minuten Dauer."

Was können Sie noch tun, damit Ihr Plan zum Erfolg führt?

- Hängen Sie Ihren Plan an einer gut sichtbaren und gut zugänglichen Stelle auf, damit Sie häufig daran erinnert werden.
- Erzählen Sie jemandem von Ihrem Plan – vielleicht der Oma oder einer guten Freundin. Auch die Leiterin einer Spielgruppe oder der Kinderarzt können geeignete Ansprechpartner sein. Es kann nur von Vorteil sein, wenn Sie mit jemandem darüber diskutiert und auch Gegenargumente gehört haben. Für Sie ist das ein guter Test, ob Sie wirklich selbst von Ihrem Plan überzeugt sind.

- Rechnen Sie damit, dass es schwierig wird. Jedes normale Kind wird sich zunächst wehren, wenn Eltern liebgewonnene Gewohnheiten ändern. Es wird Ihr Durchhaltevermögen auf eine harte Probe stellen. Kinder haben fast immer bessere Nerven als Erwachsene.
- Gönnen Sie sich etwas Gutes, wenn Sie es geschafft haben, Ihren Plan einzuhalten! Sie können stolz auf sich sein und sich ruhig einmal selbst belohnen! Die schönste Belohnung für Sie und Ihr Kind ist natürlich, wenn Sie beide besser miteinander zurechtkommen.

Ein Vertrag zwischen Eltern und Kind

Frühestens ab dem Vorschulalter können Sie Ihr Kind aktiv an der Planung eines Vertrages beteiligen. Je größer sein eigener Anteil an Ideen und Vorschlägen ist, desto besser wird es sich daran halten. Wenn Ihr Kind schon schreiben kann, sollte es die Vereinbarung am besten selbst zu Papier bringen. Eltern und Kind verpflichten sich, die Vereinbarungen einzuhalten und besiegeln das mit ihrer Unterschrift. Wie es zu so einem Vertrag kommen kann, zeigt das Beispiel der achtjährigen Sara. Das Problem war der tägliche Kampf um die Hausaufgaben. So können Sie auch bei anderen Problemen vorgehen.

- **Welches Verhalten muss sich ändern?**
  Wie oft kommt das unerwünschte Verhalten vor?
  Wie bei dem Plan zur Selbstkontrolle, beobachten Sie zunächst eine Woche lang die Situation und führen darüber in Stichworten ein Tagebuch.
  Saras Mutter machte sich täglich nach den Hausaufgaben Notizen. Wie lange hatte es gedauert? Wie oft musste sie helfen? Wie oft gab es Streit? Wie heftig war der Streit?

- **Krisensitzung**
  Setzen Sie sich mit Ihrem Kind zusammen, um alles in Ruhe zu besprechen. Nehmen Sie sich viel Zeit. Bei diesem Gespräch dürfen Sie nicht gestört werden. Unbeteiligte Geschwister haben nichts dabei zu suchen.

Kapitel 5: Wie Kinder Regeln lernen können: Ein Plan zum Grenzen-Setzen für Eltern

Saras Mutter wählte die Zeit nach dem Mittagessen aus. Sie sagte zu ihrer Tochter: *„Bevor du mit den Hausaufgaben anfängst, muss ich etwas ganz Wichtiges mit dir besprechen. Komm, setz dich zu mir. Es gibt eine Sache, da kriegen wir beide jeden Tag Ärger miteinander. Da muss sich unbedingt etwas ändern."*

- **Wo liegt das Problem?**

Fragen Sie zuerst Ihr Kind, ob es selbst eine Idee hat. Erst dann sagen Sie ihm, wie das Problem aus Ihrer Sicht aussieht.

Mutter: *„Hast du eine Ahnung, was ich meine?"*
Sara: *„Bei den Hausaufgaben meckerst du immer mit mir rum. Meinst du das?"*
Mutter: *„Du hast genau das richtige Thema erkannt. Da bin ich froh. Bei den Hausaufgaben muss ich wirklich etwas anders machen. Und du auch."*

- **Begründung**

Fragen Sie wieder zuerst Ihr Kind, warum sich etwas ändern muss. Achten Sie darauf, dass es beim Thema bleibt. Legen Sie dann kurz und verständlich Ihre eigenen Gründe dar.

Mutter: *„Warum müssen wir beide uns da wohl ändern – was meinst du?"*
Sara: *„Weiß ich nicht."*
Mutter: *„Ich will es dir erklären. Im Moment sitze ich bei den Hausaufgaben die ganze Zeit neben dir. Sehr oft fragst du mich etwas, sehr oft helfe ich dir. Dann bekommen wir Streit. Du schreist mich an, ich schreie zurück. Letzte Woche habe ich es aufgeschrieben: Es hat mindestens eine Stunde, oft zwei Stunden gedauert, bis du fertig warst. Danach waren wir beide sauer aufeinander. Das will ich nicht. Ich will, dass du deine Hausaufgaben selbständiger machst. Und ich will, dass wir dabei keinen Krach mehr kriegen."*

- **Was wollen wir anders machen?**

Fragen Sie Ihr Kind, ob es Verbesserungsvorschläge hat. Legen Sie fest, was genau jeder von Ihnen in Zukunft tun soll.

Saras Mutter stellte folgende Fragen und suchte zusammen mit ihrer Tochter geeignete Antworten: Wo sollen die Hausaufgaben gemacht werden? Wie lange dürfen die Hausaufgaben dauern? Wie kontrollieren wir es? Was kann Sara ganz allein? Bei welchen Aufgaben bleibt ihre Mutter bei ihr und gibt ihr Hilfestellung? Wieviele Fehler darf Sara machen?

- **Welche Konsequenzen wählen wir?**
Was passiert, wenn einer von Ihnen sich nicht an die Vereinbarungen hält? Wieder sind auch die Ideen Ihres Kindes gefragt.
Was passiert, wenn die Zeit um ist? Was passiert, wenn Sara zu viele Fehler gemacht hat? Was passiert, wenn Sara anfängt zu schimpfen oder zu schreien? Was passiert, wenn Mama anfängt zu schimpfen oder zu schreien?

- **Welche Anreize oder Belohnungen wählen wir?**
Eine Krisensitzung ist kein guter Anlass, mit dem Kind Belohnungen auszuhandeln. Sie können das auf einen späteren Zeitpunkt verschieben, wenn schon Besserung in Sicht ist. Oder Sie legen sie ohne Diskussion fest. Für sich selbst sollten Sie auch eine Belohnung auswählen. Dabei kann Ihnen Ihr Kind helfen.
Was passiert, wenn Sara zügig und ohne „Theater" ihre Hausaufgaben gemacht hat? Was passiert, wenn Mama sich ruhig und ohne Schimpfen an die Vereinbarung gehalten hat? Was machen wir, wenn es eine ganze Woche lang gut geklappt hat?

- **Wie schreiben wir es auf?**
Schreiben Sie genau auf, was Sie und Ihr Kind in Zukunft anders machen wollen, und welche Konsequenzen (und Belohnungen) Sie wählen. Wenn Ihr Kind schon schreiben kann, lassen Sie es zumindest einen Teil des Vertrages selbst zu Papier bringen.
Sara und ihre Mutter schrieben abwechselnd. Wegen des langen Textes übernahm die Mutter den größten Anteil. Es folgt der **Wortlaut des Vertrages**:

Kapitel 5: Wie Kinder Regeln lernen können: Ein Plan zum Grenzen-Setzen für Eltern

„Sara macht die Hausaufgaben in ihrem Zimmer. Die Eieruhr wird auf 60 Minuten gestellt. Danach ist Schluss, die Hefte werden weggeräumt. Wenn Sara nicht fertig geworden ist, schreibt Mama für die Lehrerin eine Begründung ins Hausaufgabenheft.

Lesen und Schreiben kann Sara ganz allein. Mama geht in ein anderes Zimmer. Wenn Sara etwas fragen will, geht sie mit dem Heft zu Mama. Mama guckt am Schluss nach und zeigt Sara die Fehler. Ab sechs Fehlern schreibt Sara neu.

In Mathematik kann Sara Plus- und Malaufgaben allein. Bei Minusaufgaben, Geteilt-Aufgaben und schwierigen Textaufgaben setzt Mama sich dazu und hilft Sara.

Wenn Sara anfängt zu schimpfen und zu schreien, geht Mama sofort ruhig raus. Nach fünf Minuten bietet sie Sara noch einmal ihre Hilfe an.

Wenn Sara gut mitgemacht hat, darf sie einen Aufkleber in den Wochenplan kleben.

Wenn Mama ruhig und freundlich geblieben ist, darf sie sich ein lachendes Gesicht in den Wochenplan malen. Wenn sie geschrieen oder gemeckert hat, muss sie ein weinendes Gesicht malen und nach den Hausaufgaben mit Sara eine Runde Uno spielen.

Wenn es eine ganze Woche lang gut geklappt hat, überlegen wir beide, was wir Schönes zusammen machen können."

_____ _____
(Unterschrift Sara)   (Unterschrift Mama)

- **Wie kontrollieren wir es?**

In einen Wochenplan – das kann ein Kalender, ein Stundenplan oder ein selbst entworfener Plan sein – tragen Sie täglich die wichtigsten Ereignisse ein. Kurze Stichpunkte reichen aus.

Sara und ihre Mutter hatten schon in dem Vertrag vereinbart, Aufkleber bzw. ein lachendes Gesicht als Zeichen für Erfolg zu verwenden. Ihr Wochenplan sah so aus:

	Montag	Dienstag	Mittwoch	Donnerstag	Freitag
Dauer	20 min.	40 min.	10 min. (wenig auf)	60 min.	45 min.
Sara	♥	♥	♥	—	♥
Mama	☺	☺	☺	☹	☺

Kommentar: Die Woche war ganz gut, nur am Donnerstag ging es schief. Sara hat gemeckert, und Mama ist rausgegangen. Beim zweiten Versuch hat Sara geheult, und Mama hat geschimpft. Die Hausaufgaben sind in einer Stunde nicht fertig geworden. Insgesamt aber schon gute Fortschritte.

Abschließend noch einige Tipps:

- Hängen Sie Ihren Vertrag an einer gut sichtbaren Stelle auf.
- Halten Sie die Vereinbarungen mehrere Wochen lang aufrecht, da sich sonst leicht Rückfälle einschleichen können.
- Wenn Sie und Ihr Kind schwerwiegende Probleme haben, sind Sie vielleicht allein überfordert. Ihnen steht fachliche Hilfe zu. Die erste Adresse ist Ihr Kinderarzt bzw. Ihre Kinderärztin. Wenn nötig, bekommen Sie dort die Anschrift von Beratungsstellen oder Kinderpsychologen.

Kapitel 5: Wie Kinder Regeln lernen können:
Ein Plan zum Grenzen-Setzen für Eltern

> **Zusammenfassung:**
> Mit einem Baby oder Kleinkind können Sie natürlich noch keinen Vertrag schließen. Sie können aber für sich selbst einen Plan machen und genau schriftlich festlegen, welches Verhalten Sie bei sich und Ihrem Kind ändern wollen, und welche Konsequenzen und Anreize Sie wählen. Vom Vorschulalter an können Sie Ihr Kind an der Planung eines Vertrages beteiligen. Wieder geht es um Verhaltensänderungen, Konsequenzen und Anreize. Was Sie gemeinsam ausgehandelt haben, wird von Ihnen beiden unterschrieben und kontrolliert.

Einfache Belohnungspläne

Verträge kann man auch mündlich schließen. Bei kleineren Kindern oder sehr überschaubaren Verhaltensregeln ist es nicht erforderlich, einen ausgeklügelten Vertrag aufzusetzen. Es reicht aus, Anreize zu setzen – mit Hilfe eines einfachen Belohnungsplans.

Smilies im Hausaufgabenheft:
Ein Belohungsplan für die Schule

Viele Kinder haben schon vom ersten Schuljahr an Probleme, sich an die Schulregeln zu halten. Einigen fällt es schwer, auf ihrem Platz sitzen zu bleiben. Andere rufen in die Klasse, statt sich zu melden. Oder sie passen im Unterricht nicht auf und stören ihre Mitschüler. Einige bekommen fast täglich Streit mit ihren Mitschülern oder verhalten sich aggressiv. Mit einem sehr einfachen Belohnungssystem können Sie erreichen, dass Sie über das Verhalten Ihres Kindes laufend informiert werden. Und Sie können Ihrem Kind einen Anreiz setzen, sich in der Schule besser an die Regeln zu halten. Der Arbeitsaufwand für die Lehrer(innen) ist sehr gering. Fast alle Lehrer(innen) lassen sich zur Mitarbeit motivieren.

Jedes Kind kann Regeln lernen

Gemeinsam mit dem Lehrer/der Lehrerin müssen Sie besprechen, welches Verhalten Ihr Kind in der Schule verbessern sollte. Es ist sehr wichtig, das positiv zu formulieren. Mögliche Beispiele:

- Sich mit den anderen vertragen
- Auf dem Platz sitzen bleiben
- Tun, was die Lehrerin sagt
- Aufgaben zügig anfangen und zu Ende bringen
- Sich melden, statt in die Klasse zu rufen

Die Lehrerin erklärt sich bereit, auf ein oder zwei Verhaltensweisen Ihres Kindes täglich zu achten. Hat Ihr Kind sich an die Regeln gehalten, malt die Lehrerin an diesem Tag einen Smilie ins Hausaufgabenheft. Hat Ihr Kind sich nicht an die Regeln gehalten, bekommt es keinen Smilie. So bleiben Sie auf dem Laufenden und können mit Ihrem Kind darüber reden, was an dem Tag gut gelaufen ist und was nicht. Und Sie können mit Ihrem Kind eine Belohnung verabreden, wenn eine bestimmte Anzahl von Smilies zusammen gekommen ist. Einige Beispiele aus der Praxis:

- 1 Smilie: 15 Minuten Computer
- 5 Smilies: Ein gemeinsamer Schwimmbadbesuch
- 10 Smilies: Ein Comic-Heft
- 15 Smilies: Ein gemeinsamer Kinobesuch

Viele Kinder lassen sich über Wochen und Monate mit diesem einfachen Plan motivieren. Er hat noch einen weiteren Vorteil: Manchmal fallen Eltern aus allen Wolken, wenn sie am Ende eines Schuljahres aus dem Zeugnis erfahren, welche Verhaltensprobleme ihr Kind während der ganzen Zeit hatte. Sie sind zu Recht enttäuscht, nicht schon viel früher informiert worden zu sein. Mit einer täglichen Rückmeldung vom Lehrer oder der Lehrerin sind Sie vor solchen Überraschungen geschützt.

Kapitel 5: Wie Kinder Regeln lernen können: Ein Plan zum Grenzen-Setzen für Eltern

Die Smilie-Kette: Ein Belohungsplan für zu Hause

Was in der Schule wirkt, lässt sich auch zu Hause leicht in die Tat umsetzen. Hier sehen Sie einige Beispiele, wie Sie und Ihr Kind einen Belohnungsplan attraktiv gestalten können: einen Schmetterling, eine Eisenbahn, eine Raupe, einen Blumenstrauß und eine Schnecke. Jede Abbildung hat viermal fünf Kreise bzw. Felder zum Ausmalen.

Jedes Kind kann Regeln lernen

Kapitel 5: Wie Kinder Regeln lernen können: Ein Plan zum Grenzen-Setzen für Eltern

Jedes Kind kann Regeln lernen

Kapitel 5: Wie Kinder Regeln lernen können: Ein Plan zum Grenzen-Setzen für Eltern

Das Vorgehen im Einzelnen: Suchen Sie ein oder zwei Verhaltensweisen aus, auf die Sie bei Ihrem Kind besonders achten wollen. Einige geeignete Beispiele:

- Morgens zügig waschen und anziehen
- Beim Essen sitzen bleiben
- Sich mit Bruder oder Schwester vertragen
- Sich 30 Minuten lang allein beschäftigen
- Hausaufgaben zügig erledigen
- Abends im Bett bleiben

Lassen Sie Ihr Kind eines der Bilder auswählen. Verabreden Sie, auf welches Verhalten Sie in den nächsten Wochen besonders achten wollen. Wählen bis zu drei Verhaltensweisen aus. Schafft es Ihr Kind, sich an die verabredete Regel zu halten, bekommt es einen Punkt in seinem Belohnung-Bild. Dafür darf es ein Feld in seinem ausgewählten Bild ausmalen oder ein lachendes Gesicht hinein zeichnen. In jedem Bild gehören fünf Felder zusammen. Hat Ihr Kind jeweils fünf Punkte erreicht, bekommt es eine erste Belohnung. Das kann wieder ein gemeinsames Spiel, eine Extra-Gutenachtgeschichte, längeres Aufbleiben oder eine kleine materielle Belohnung sein. Sind alle Punkte in dem Bild ausgemalt, gibt es eine größere Belohnung, die Sie vorher mit Ihrem Kind vereinbaren können. Auch dabei können Sie sich entweder für eine gemeinsame Aktivität oder für eine materielle Belohnung entscheiden. Es sollte für Ihr Kind natürlich ein attraktiver Anreiz sein.

Ihr Kind kann mehrere Belohnungs-Bilder hintereinander ausfüllen. Nach einigen Wochen wird sein Interesse daran wahrscheinlich nachlassen. Das ist ganz normal. Im besten Fall hat sich das erwünschte Verhalten schon so gut eingespielt, dass es gar nicht mehr besonders beobachtet werden muss. Vielleicht ist es nach einer längeren Pause sinnvoll, noch einmal auf die Belohnungs-Bilder zurück zu greifen – oder selbst neue zu entwerfen.

Wenn es nicht wirkt

Klartext reden, logische Konsequenzen, Auszeiten, Regeln-Fragen-Handeln, Verträge und Belohnungs-Pläne: Sie haben in diesem Kapitel sehr viele konkrete Hinweise bekommen, wie Sie Ihrem Kind Grenzen setzen können. Aus meiner Praxis weiß ich, dass viele Eltern Erfolg damit haben. Ich weiß aber auch, dass es bei manchen Kinder extrem schwierig ist, die Hinweise umzusetzen. Manche Kinder kämpfen auf extreme Weise gegen Regeln. Aus logischen Konsequenzen und Auszeiten scheinen sie immer nur sehr kurzfristig zu lernen. Auch Belohnungspläne bringen manchmal nicht den gewünschten Erfolg. Die Eltern haben das Gefühl, bei ihrem Kind immer nur für sehr kurze Zeit etwas erreichen zu können. Sie können sich niemals zurücklehnen und einfach „alles laufen lassen" – immer wieder müssen sie bei Null anfangen, immer wieder mit viel Aufwand und Mühe Regeln durchsetzen.

Einige dieser Kinder sind deshalb so anstrengend, weil sie unter A·D·S leiden. A·D·S ist die Abkürzung für Aufmerksamkeits-Defizit-Syndrom. Ungefähr 5% der Kinder sind davon betroffen. Viele von ihnen sind schon im Kleinkind-Alter auffällig. In den letzten Jahren ist dieses Thema auch in Deutschland in den Medien häufig diskutiert worden. A·D·S ist zwar eine angeborene, neurophysiologische Störung, aber keine „Krankheit", die man mit einem Test oder einer Blutuntersuchung feststellen könnte. Die Symptome sind eigentlich normale Verhaltensweisen, die jedes Kind ab und zu aufweist. Aber sie sind so häufig und so extrem, dass sich das Kind dadurch von den anderen Kindern seines Alters unterscheidet und negativ auffällt.

Einige dieser Symptome: Das Kind kann nicht auf seinem Platz sitzen bleiben. Es kann sich nicht ausdauernd selbst beschäftigen. Es ist voller Unruhe und immer in Bewegung, zappelt herum, rennt oder klettert in den unmöglichsten Situationen, kann nicht warten, unterbricht und stört andere, wechselt sehr schnell von einer Tätigkeit zur anderen, kann Aufgaben nicht zu Ende führen, macht Flüchtigkeitsfehler, hört nicht zu, wenn es nicht angesprochen wird, ist vergesslich, kann nicht planen. Ich möchte das Thema A·D·S an dieser Stelle nur ganz kurz anreißen. Es gibt mittlerweile sehr gute Eltern-Ratgeber dazu – zum Beispiel *„Das A·D·S-Buch"*[9] von *Elisabeth Aust-Claus* und *Petra-Mari-*

Kapitel 5: Wie Kinder Regeln lernen können: Ein Plan zum Grenzen-Setzen für Eltern

na Hammer. Auch im Internet finden Sie unter dem Stichwort A·D·S viele hilfreiche Informationen.

Wenn Ihr Kind viele dieser A·D·S-Merkmale aufweist, sind Sie als Eltern ganz besonders gefordert. Das Grenzen-Setzen und Regeln-Lernen ist für Sie und Ihr Kind viel mühsamer und schwieriger, aber nicht weniger wichtig. Im Gegenteil: Kinder mit A·D·S können sich weniger gut selbst steuern als „normale" Kinder. Gerade sie brauchen jemanden, der sie lenkt und immer wieder an die Regeln erinnert. Wenn A·D·S-Kinder eine Therapie machen, müssen auch die Eltern geschult werden. Was die A·D·S-Experten den Eltern empfehlen, hat sehr viel Ähnlichkeit mit den Empfehlungen in diesem Kapitel.

Kapitel 5: Das Wichtigste in Kürze

- **Voraussetzungen:**
Achten sie bei Ihrem Kind auf das Gute. Machen Sie ihm Mut. Legen Sie Ihre Familien-Regeln fest, damit Ihr Kind weiß, woran es ist.
- **Erster Schritt:**
Reden Sie mit Ihrem Kind Klartext. Geben Sie klare Anweisungen, kontrollieren Sie Ihre Stimme und Ihre Körpersprache und sagen Sie mehrmals hintereinander genau das, was ihr Kind tun soll (Technik der „kaputten Schallplatte").
- **Zweiter Schritt:**
Lassen Sie auf Ihre Worte Taten folgen. Ihr Kind lernt am besten aus den natürlichen, logischen Folgen seines Verhaltens. Zusätzlich kann eine altersgerechte „Auszeit" eingesetzt werden. Es ist wirkungsvoller, Anreize zu setzen, statt Strafen anzukündigen. Ganz besonders effektiv ist die „Regeln – Fragen – Handeln"-Technik.
- **Dritter Schritt:**
Wenn Ihnen konsequentes Handeln schwer fällt, können Sie für sich einen Plan zur Selbstkontrolle entwerfen. Ist Ihr Kind schon alt genug, können Sie mit ihm einen Vertrag zur Verhaltensänderung aushandeln. Auch ein einfacher Belohnungsplan kann wirkungsvoll sein.

6
Was wir noch tun können: Kreative Problemlösungen

In diesem Kapitel erfahren Sie, …

- welche Wege Sie gehen können,
  wenn Sie sich nicht mit Verhaltensplänen begnügen wollen
- wie Sie Ihre eigene Phantasie
  für kreative Problemlösungen einsetzen können

Kindliche Lösungen annehmen

Vor einigen Wochen erzählte ich einer Bekannten, selbst Mutter von drei Kindern, von meiner Arbeit an diesem Buch. Sie fragte ganz erstaunt: *„Ein Buch über Regeln und Grenzen? Gibt es da Bedarf? Bei mir läuft das alles ganz spielerisch."* – Wunderbar! Das ist das beste, was passieren kann. Es läuft von selbst. Wenn Probleme auftauchen, fällt Ihnen oder Ihrem Kind irgendein Weg ein, sie zu lösen. Sie brauchen keinen Verhaltensplan, keinen Vertrag und kein Tagebuch. Sie tun einfach das, was Sie für richtig halten – und siehe da: es klappt! In den vorhergehenden Kapiteln ging es um konkrete Vorschläge und Verhaltenspläne. Dieses letzte Kapitel ist allen gewidmet, die sich nicht mit Verhaltensplänen begnügen, sondern selbst kreativ und offen für die Anforderung des Augenblicks sein wollen. Es werden Geschichten erzählt, die Ihre Phantasie anregen und Mut zu eigenen Lösungen machen sollen.

Manchmal sind unsere Kinder klüger als wir selbst. Wir können wichtige Erkenntnisse verpassen, wenn wir ihnen nicht richtig zuhören.

- Der vierjährige **Marc** zum Beispiel hatte genau durchschaut: *„Wenn meine Mama etwas zu mir sagt, brauche ich nicht darauf zu hören. Die macht sowieso nichts. Aber bei meiner Kinderfrau ist das anders. Die meint das in echt."* Als Marc mir das erzählte, saß seine Mutter daneben und war sehr verblüfft. Aber sie musste zugeben, dass er Recht hatte.

Zum selben Thema noch eine eigene Geschichte:

- Meine Tochter war zwei Jahre alt, mein Sohn vier. Ich war mit den Kindern einige Tage allein in einer Ferienwohnung am Meer. Abends war immer eine etwas hektische Zeit. Ich musste kochen, die Kinder waren müde und quengelig. Eines Abends ging es mal wieder hoch her. Der große Bruder ärgerte und piesackte seine kleine Schwester. Immer wieder gab es Geschrei. Ich hatte mit der unzureichenden Küche der Ferienwohnung und mit der Bratpfanne zu kämpfen und konnte nicht richtig handeln, sondern nur schimpfen – was natürlich keinen Erfolg brachte.

Kapitel 6: Was wir noch tun können: Kreative Problemlösungen

Da passierte es: Mein Sohn entriss seiner kleinen Schwester das geliebte Schmusekissen und warf es quer durch den Raum. Es landete – genau in der Spülschüssel, die randvoll mit heißem Wasser war. Die Kleine schrie vor Entsetzen, und ich war außer mir. Ich packte meinen Sohn, brüllte ihn an, machte ihm Vorhaltungen, stellte „Warum-Fragen", überschüttete ihn mit Vorwürfen, drohte ihm die sinnlosesten Konsequenzen an.

Mein Sohn tat etwas, womit ich überhaupt nicht gerechnet hatte. Er schaute in mein wütendes Gesicht, erhob seine kleine Hand und strich mit seinem Zeigefinger ganz sacht über meine Zornesfalten. Gleichzeitig sagte er ganz ruhig: *„Mama."*. Schlagartig erschien mir alles in einem ganz anderem Licht. Meine Stirn war glatt – die Wut war weg. Mit meinem unbändigen Ärger über ein unabsichtlich ins Wasser geworfene Kissen kam ich mir lächerlich vor. Mein Sohn hatte mir die Augen geöffnet und die Situation wieder zurechtgerückt.

Den Spieß umdrehen

Stellen Sie sich vor: Ihr Kind nervt Sie schon lange mit einer bestimmten Angewohnheit. Doch all Ihre Bemühungen, etwas daran zu ändern, schlagen fehl. Im Gegenteil: Sie stecken mitten im Kampf um Aufmerksamkeit, und Ihr Kind scheint am längeren Hebel zu sitzen. Immer wieder lassen Sie sich provozieren.

Sie können nun systematisch alle Ratschläge aus dem 5. Kapitel anwenden. Aber Sie können auch etwas ganz anderes tun: Schlagen Sie Ihrem Kind genau das vor, womit es Sie ärgern will! Sobald Sie das tun, haben Sie die Kontrolle, und Ihr Kind merkt: Das mit dem Provozieren klappt nicht mehr! Ihr Kind sitzt in der Falle: Entweder es „hört", oder es benimmt sich gut. Auf einmal bestimmen Sie die Spielregeln, und nicht Ihr Kind!

Einige Beispiele:

- Ärgern Sie sich täglich über die Essmanieren Ihres Kindes? Haben Sie schon hundertmal ohne Erfolg bessere Manieren „gepredigt"? Zeigt Ihr gutes Vorbild einfach keine Wirkung? Dann drehen Sie doch einmal oder mehrmals in der Woche den Spieß um, und schlagen Sie vor: *„Heute mittag machen wir Wettschlürfen. Wer am lautesten mit der Suppe schlürft, hat gewonnen."*
- Sind Sie entsetzt, weil Ihr Kind Sie und andere mit den erstaunlichsten Schimpfwörtern traktiert? Sie können zu ihm sagen: *„Ich bin wirklich beeindruckt, was du alles für Schimpfwörter kennst. Ich würde gern wissen, ob ich da noch mithalten kann. Lass uns ein Spiel daraus machen. Wir schreiben um die Wette: Wem fallen die meisten Schimpfwörter mit ‚A' ein? Achtung, fertig, los …"*
- Ist Ihr Kind ein „Zappelphilipp" – fällt es ihm sehr schwer, still zu sitzen? Dann machen Sie mit ihm das Zappel-Spiel. Sie sagen: *„Jetzt wollen wir mal sehen, ob du ganze fünf Minuten lang ohne Unterbrechung zappeln kannst. Aber irgendetwas an dir muss wirklich immer in Bewegung sein. Ich schaue auf die Uhr."*

Kapitel 6: Was wir noch tun können: Kreative Problemlösungen

- Werden Sie manchmal von Ihrem Kind getreten oder gehauen? Sie fassen es einfach nicht als aggressives Verhalten, sondern als Aufforderung zum Spiel auf. Sie sagen: *„Du möchtest mit mir das Trete-Haue-Spiel spielen? Na gut. Du hast angefangen, jetzt bin ich dran. So, jetzt bist du wieder dran."*

Diese auf den ersten Blick etwas merkwürdigen Vorschläge haben etwas gemeinsam:

- Sie überraschen Ihr Kind. Es merkt: *„Die alten Spielregeln funktionieren auf einmal nicht mehr."*
- Sie würdigen das auffällige Verhalten Ihres Kindes plötzlich spielerisch als Leistung. Vielleicht wetteifern Sie sogar mit ihm. Damit erscheint das Verhalten Ihrem Kind in ganz neuem Licht. Jedenfalls ist es nicht mehr geeignet als Mittel, im Machtkampf mit Ihnen Punkte zu sammeln.

Ganz besonders wichtig bei diesem Vorgehen ist das Spielerische. Heben Sie es sich auf für Momente, in denen Sie selbst „gut drauf" sind. Sonst könnte es leicht umschlagen in bittere Ironie oder bösen Sarkasmus. Dann geht der Schuss nach hinten los.

Einen neuen Schauplatz eröffnen

Wenn mehrere Kinder im Spiel sind, kommt es immer wieder zu körperlichen Auseinandersetzungen. Oft sind die Rollen klar verteilt: Es gibt einen „Täter" und ein „Opfer". Statt den „Täter" zu ermahnen und mit ihm zu diskutieren, tun Sie folgendes: Sie trennen die Kinder, lassen den „Täter" aber vollkommen links liegen. Sie schauen ihn (oder sie) nicht an und reden nicht mit ihm. Dafür wenden Sie Ihre ganze Aufmerksamkeit dem „Opfer" zu: Sie trösten, streicheln, pusten, nehmen es auf den Arm, bieten ein Spiel an. Erst wenn das „Opfer" sich völlig beruhigt hat, nehmen Sie das andere Kind wieder zur Kenntnis. Dadurch wird die „Täter"-Rolle auf die Dauer ziemlich unattraktiv.

Ähnliches ist denkbar in einer Kindergruppe, zum Beispiel im Kindergarten. Oft landet gerade das „störende" Kind (es schlägt die anderen, bleibt nicht sitzen, schreit laut ...) bei der Erzieherin auf dem Schoß oder darf Spiele oder Bilderbücher aussuchen, damit es „Ruhe gibt". Wie wäre es mit dem umgekehrten Weg? Sobald sich ein Kind in der Gruppe besonders auffällig verhält, bekommen die anderen etwas besonders Interessantes angeboten: ein neues Bilderbuch, ein Rollenspiel, eine tolle Bastelarbeit, etwas Leckeres zu essen. Sobald das Kind mit seinem auffälligen Verhalten aufhört, kann es natürlich mitmachen. Dieses Vorgehen ist auch anwendbar, wenn es Konflikte unter Geschwistern gibt.

Kapitel 6: Was wir noch tun können: Kreative Problemlösungen

Geschichten erzählen

Eine Großmutter zeigte mir vor einigen Wochen einen Ordner mit Geschichten, die sie für ihre drei Enkeltöchter geschrieben und liebevoll illustriert hatte. Es waren ganz besondere Geschichten. Es kamen Feen, Tiere und Prinzessinnen darin vor. In jeder Geschichte wurde ein Problem oder eine schwierige Aufgabe bewältigt – und wer war der Held? In jeder Geschichte konnte sich eine der drei Enkelinnen wiedererkennen.
Alle Geschichten gingen gut aus. Am Ende wurde immer eine Lösung angeboten. Es war eine wunderbare Idee dieser engagierten Großmutter, solche Geschichten für ihre Enkelinnen zu schreiben. Ein persönlicheres Geschenk hätte sie ihnen wohl kaum machen können. Sie war ganz professionell vorgegangen.
Auch Psychologen setzen Geschichten ein, um Kindern bei der Bewältigung ihrer Probleme zu helfen. In dem sehr empfehlenswerten Buch „*Anna zähmt die Monster*"[10] von *Doris Brett* finden Sie zahlreiche solcher Geschichten – und eine Anleitung, wie Sie selbst welche erfinden können. Solche Geschichten können Ihrem Kind helfen, sich ein Problem einzugestehen und auf indirekte Weise eine Lösung von Ihnen anzunehmen. Auch ganz kleine alltägliche Probleme können auf diese Art und Weise zur Sprache gebracht werden. Ein Beispiel: Der vierjährige **Lars** brauchte zum Einschlafen noch einen Schnuller. Seine Mutter erzählte ihm folgende Geschichte:

● *„Es war einmal ein kleiner Löwenjunge, der hieß Leo. Er war sehr lieb und lustig und tollte am liebsten den ganzen Tag draußen herum. Er wohnte mit seinen Eltern und seiner kleinen Schwester, einem ganz süßen Löwenbaby, in einer besonders gemütlichen Höhle. Abends vor dem Schlafengehen erzählte ihm die Löwenmama noch eine Geschichte. Und rate, was Leo da machte? Er steckte tatsächlich, wie jeden Abend, einen riesigen Schnuller in sein Löwenmaul und nuckelte daran. Es sah sehr merkwürdig aus. Leo hatte schon richtig große scharfe Löwenzähne! Und dazwischen steckte der Schnuller! Nach der Geschichte wollte Leo ‚Gute Nacht' sagen, aber mit dem*

Schnuller im Mund kam nur ‚Schusche Schacht' heraus. Leo nahm den Riesenschnuller aus dem Mund und schaute ihn an. Er sah nicht sehr schön aus, denn er war schon ganz zerbissen. Dann roch Leo daran. Das gefiel ihm auch nicht besonders. Auf einmal sagte Leo der Löwe zu seiner Mama: ‚Mama, darf ich noch einmal ganz kurz vor die Höhle gehen zum Bach?' Er durfte. Mama ging mit. Was machte Leo? Er nahm den Schnuller in seine starke Löwentatze und schleuderte ihn mit aller Kraft in den Bach. Sie schauten ihm nach, bis er verschwunden war. Leos Mama gab ihm einen dicken Löwenkuß und brachte ihn wieder ins Bett. Sie schenkte ihm ein ganz weiches kleines Kuschelkissen mit bunten Schmetterlingen drauf. Es dauerte ein bißchen, aber nach einer Weile war Leo der Löwe, eingekuschelt in sein neues Kissen, friedlich eingeschlafen."

Es gibt natürlich keine Garantie, dass solche Geschichten wie erwünscht „funktionieren". Aber Kinder lieben Geschichten, in denen sie sich selbst wiedererkennen können. Nicht selten nehmen sie die angebotene Lösung an, manchmal allerdings erst einige Zeit später. Falls Sie sich das Erfinden von solch einfachen kleinen Geschichten nicht selbst zutrauen: Es gibt zu fast allen alltäglichen Themen mittlerweile liebevoll gestaltete Bilder- und Kinderbücher.

Kapitel 6: Was wir noch tun können: Kreative Problemlösungen

Kapitel 6: Das Wichtigste in Kürze:

- **Nehmen Sie kindliche Lösungen an**
  Erstaunlich zutreffende Erkenntnisse und brauchbare Lösungsvorschläge Ihres Kindes sind es wert, gewürdigt und angenommen zu werden.
- **Drehen Sie den Spieß um**
  Das auffällige, unerwünschte Verhalten Ihres Kindes erscheint in ganz neuem Licht, wenn Sie es spielerisch aufgreifen und selbst vorschlagen, vielleicht sogar mit Ihrem Kind darin wetteifern. Nicht Ihr Kind, sondern Sie haben dann die Kontrolle. Das beabsichtigte Provozieren klappt nicht mehr.
- **Eröffnen Sie einen neuen Schauplatz**
  Sobald Ihr Kind provoziert, verwickeln Sie die anderen anwesenden Kinder in eine besonders interessante Aktivität. Bei körperlichen Auseinandersetzungen unter Kindern wenden Sie sich intensiv dem „Opfer" zu.
- **Erzählen Sie eine Geschichte**
  Kinder lieben Geschichten, in denen sie sich selbst wiedererkennen können. Erzählen Sie eine Geschichte, in der die Probleme Ihres Kindes vorkommen, und lassen Sie den Helden der Geschichte eine Lösung finden.

Liebe Eltern

Eines bitte ich Sie immer zu bedenken: Sie kennen Ihr Kind am allerbesten. Sie können es annehmen und lieben, wie es ist – mit all seinen Stärken, Schwächen und Eigenarten. Das macht Sie selbst zum besten und fähigsten Experten im Umgang mit Ihrem Kind – trotz aller Fehler und Misserfolge. In jedem von Ihnen steckt die Fähigkeit, eigene Lösungen zu finden, die genau für Ihr Kind und für genau diesen Zeitpunkt gut sind. Jedem von Ihnen gelingt es oft, spielerisch und ohne nachzudenken das Richtige zu tun. Haben Sie sich schon einmal über Ihre Stärken als Mutter oder Vater Gedanken gemacht? Auf welche Ihrer Verhaltensweisen und Fähigkeiten sind Sie stolz? Was möchten Sie auf gar keinen Fall anders machen? Nur, wenn Sie auch bei sich selbst auf das Gute achten, können Sie Ihr Kind positiv lenken.

Annette Kast-Zahn

Literatur-Hinweise

1) Eyre, R. & Eyre, L.: *Teaching your children values.*
   New York: Simon & Schuster 1993
2) Dreikurs, R. & Soltz, V.: *Kinder fordern uns heraus.*
   Stuttgart: Klett-Cotta 1966.
3) Kast-Zahn, A. & Morgenroth, H.: *Jedes Kind kann schlafen lernen.*
   Ratingen: Oberstebrink 2002
4) Kast-Zahn, A. & Morgenroth, H.: *Jedes Kind kann richtig essen.*
   Ratingen: Oberstebrink 1999
5) Gordon, T.: *Familienkonferenz.*
   München: Wilhelm Heyne 1972
6) Canter, L. & Canter, M.: *Assertive discipline for parents.*
   New York: Harper & Row 1985
7) Dinkmeyer, D., Mc Kay, G. & Dinkmeyer, D:
   Systematic Training for Effective Parenting (STEP).
   American Guidance Service 1997
8) Sanders, M., Markie-Dadds, C. & Turner, K.: *Triple P.*
   Australian Academic Press 1996
   Deutsche Ausgabe: Sanders, M., Markie-Dadds, C. & Turner, K.:
   Positive Erziehung.
   Münster: PAG Institut für Psychologie 1999.
9) Aust-Claus, E. & Hammer, P.-M.: *Das A·D·S-Buch.*
   Ratingen: Oberstebrink 1999
10) Brett, D.: *Anna zähmt die Monster.*
    Salzhausen: iskopress 1993

OBERSTEBRINK
ELTERN-BIBLIOTHEK

Die richtigen Eltern-Ratgeber für die wichtigen Jahre

ISBN 3-934333-09-5

ISBN 3-934333-11-7

ISBN 3-934333-07-9

ISBN 3-9804493-9-4

ISBN 3-934333-15-X

ISBN 3-934333-01-X

ISBN 3-934333-05-2

ISBN 3-934333-13-3

ISBN 3-934333-08-7

ISBN 3-934333-14-1

ISBN 3-934333-12-5

ISBN 3-9804493-2-7

ISBN 3-9804493-6-X

ISBN 3-934333-06-0

ISBN 3-934333-16-8

ISBN 3-934333-19-2

OBERSTEBRINK

0-3 Jahre

Babys erste Schritte in die Welt

Classic-CDs für Babys

ISBN 3-938409-00-2

ISBN 3-938409-01-0

ISBN 3-938409-02-9

ISBN 3-938409-03-7

DVD-Bilderbücher

ISBN 3-938409-04-5

ISBN 3-938409-05-3

ISBN 3-938409-06-1

Entdecker-Karten

ISBN 3-938409-09-6

ISBN 3-938409-07-X

ISBN 3-938409-08-8

Nichts ist so groß wie die Neugier der Kleinsten. Baby Einstein™-Produkte stillen Babys angeborene Neugier. Sie zeigen die Welt aus seiner Perspektive und sind speziell auf seine Bedürfnisse und Fähigkeiten abgestimmt.

The Walt Disney Company ©

© 2002 by The Baby Einstein Company, LLC. All Rights Reserved. Baby Einstein, Baby Neptune, Baby van Gogh, Baby Mozart, Baby Bach, Baby Beethoven, Baby Vivaldi and the Boy's Head Logo are trademarks of The Baby Einstein Company, LLC. All Rights Reserved. EINSTEIN und ALBERT EINSTEIN are trademarks of The Hebrew University of Jerusalem. All Rights Reserved.